建校百年·哈工大人系列丛书

Harbin Institute of Technology

哈工大人在南洋

《哈工大人在南洋》编委会 编

哈尔滨工业大学出版社

图书在版编目(CIP)数据

哈工大人在南洋 /《哈工大人在南洋》编委会编. —哈尔滨：哈尔滨工业大学出版社，2020.6
ISBN 978-7-5603-8796-3

Ⅰ.①哈… Ⅱ.①哈… Ⅲ.①哈尔滨工业大学－校友－生平事迹 Ⅳ.①K820.7

中国版本图书馆CIP数据核字(2020)第071237号

哈工大人在南洋

HAGONGDA REN ZAI NANYANG

策划编辑	李艳文　范业婷
责任编辑	王晓丹　付中英
装帧设计	屈　佳
出版发行	哈尔滨工业大学出版社
社　　址	哈尔滨市南岗区复华四道街10号　邮编150006
传　　真	0451-86414749
网　　址	http://hitpress.hit.edu.cn
印　　刷	哈尔滨市石桥印务有限公司
开　　本	787mm×1092mm　1/16　印张15.5　字数208千字
版　　次	2020年6月第1版　2020年6月第1次印刷
书　　号	ISBN 978-7-5603-8796-3
定　　价	100.00元

(如因印刷质量问题影响阅读，我社负责调换)

编 委 会

值此百年校庆之际，为充分展现狮城哈工大人的优秀事迹和良好风貌，拟编纂《哈工大人在南洋》。为便于开展图书编辑工作，特在哈工大新加坡校友会领导下，设立《哈工大人在南洋》编委会：

顾　　问　杨士勤　景　瑞　孙和义　强文义

主　　任　胡建成

副 主 任　李　琨　岳程斐

委　　员　张建东　李　维　谢世培　蔡越宾

　　　　　　　荣伟丰　孙广坤　朱文杰

在编委会领导下，设立《哈工大人在南洋》图书编辑部如下：

主　　编　岳程斐

副 主 编　李　琨　杨　眉

成　　员　周永程　魏昊宇　沈彦晴　贾琳然

　　　　　　　杨　力　张俊强　张秀泉　郑金乐

　　　　　　　窦彦昕

校　　对　杨　眉

总　序

时光荏苒，风雨沧桑，不知不觉间哈工大即将走过百年岁月。回首学校的发展历程，她的每一轮进步跨越、每一次腾飞奋进，无不与祖国的命运紧紧连在一起。特别是中华人民共和国成立后，从全国学习苏联高等教育办学模式的两所大学之一，到首批进入国家"211 工程"和"985 工程"，再到入选国家"双一流"建设 A 类高校名单，哈工大一直得到国家的重点建设，并形成了现在哈尔滨、威海、深圳"一校三区"的办学格局。

当然，哈工大也没有辜负国家的支持与厚望。一直以来，学校秉承"规格严格，功夫到家"的校训，大力弘扬"铭记责任，竭诚奉献的爱国精神；求真务实，崇尚科学的求是精神；海纳百川，协作攻关的团结精神；自强不息，开拓创新的奋进精神"和"铭记国家重托，肩负艰巨使命，扎根东北，艰苦创业，拼搏奉献，把毕生都献给了共和国的工业化事业"的哈工大"八百壮士"精神，主动适应国家需要、积极服务国家建设，以朴实严谨的学风培养了大批优秀人才，以追求卓越的创新精神创造了丰硕的科研成果，成为享誉国内外的理工强校、航天名校。

我始终认为，学生的培养质量是衡量一所大学是否是"双一流"最重要的考核指标，而质量主要是从学生离校走向社会在工作中体现出来的，包括思想品德、工作能力和社会贡献等。经过百年沉淀的哈工大，从 1920 年建校至今，已经培养了几十万名学子。我在这所学校工作了几十年，也见证了一部分同学的成长。他们在学校掌握知识、锤炼品格，然后投身社会，成为各行各业的中坚力量，其中既有党和国家领导人，也有共和国的将军；既有学术界的泰斗，也有科技领域的骨干……当然，还有在许多行业里的领跑者——杰出的企业家。

很幸运，我们身处一个崇尚创新、追求创新、激励创新的时代。不管是传统行业，还是新兴科技行业，都活跃着哈工大人的身影。这些实干力行的国家栋梁在兢兢业业工作的同时，积累了无数的方法和经验，也有道不尽的经历与感受。无论是对母校生活的追忆，还是对当下工作的总结，这些不可多得的人生财富，都非常值得大家借鉴和学习。

恰逢学校百年华诞，哈工大出版社特意编撰了"建校百年·哈工大人系列丛书"，天南海北、各行各业的哈工大人以此为平台，把自己走过的人生之路，真诚又无私地以文字的形式分享出来，为后来者和社会公众提供参考。我认为，这十分有意义，也十分有价值。我向他们致敬，同时也为学校培养出这样的学子感到自豪！而对于广大校友和在校生来说，阅读这些书籍，仿佛有人为你打开了一扇门，特别是身为哈工大人的你会发现，寻找理想、追梦前行的人，不只有你自己，还有许许多多的哈工大人和你一路同行、共同奋斗。

希望广大读者能从本系列丛书中获得启迪，踏上自己人生道路的"英雄之旅"，抒发豪情壮志，成就伟大事业。

代 序

冰火淬炼　功夫到家

光阴如白驹过隙，2020年母校哈尔滨工业大学迎来了百年校庆。伫立阳台，遥望北方，思绪如潮，仿佛又回到了那书生意气的年代。

我是1998年考入大学的，那一年一场世纪洪水席卷神州大地，举国滔滔。长江、珠江、嫩江、松花江……，江江肆虐；武汉、荆州、哈尔滨、大庆……，城城告急。黎民手足无措的悲哭与战士奋起抗战的悲歌，为那一年的夏天打上了悲壮的底色。

受洪水影响，我入学的时候已快10月份了。手持录取通知书，背上行囊，告别了泪如雨下的母亲，坐汽车，渡轮船，转火车，一路颠簸北上，两天两夜才抵达冰城哈尔滨。

入学没有几天，哈尔滨已悄然入冬，草木摇落，万物凋零。不见绿色成荫，不见鸟语花香，不见高架交错，不见摩天大厦，灰蒙蒙的一片，背景单调，天地苍茫。只有那一幢相互连接的凹型建筑，灰突突的厚墙，黄瑟瑟的外观，白皑皑的屋顶，雄赳赳的主楼，光溜溜的操场，以及操场内一直沉默的九棵老树，陪伴了我大学四年时光。

四年里，图书馆里的通宵达旦，溜冰场上的英姿飒爽，柳荫树下的书声琅琅，201讲坛上的慷慨激昂，学苑食堂里的美味佳肴，校园里擦身而过的异国美女，让我度过了最美好的青春年华。四年后，我明白了什么是俄式建筑，什么是哥特式风格，什么是钢筋混凝土结构，什么是国际工程管理，何为厚重庄严，何为规格严格，何为家国情怀，何为工程师的摇篮。虽未学登天探月，坐拥嫦娥，但也懂得了济世情怀，立志让万丈高楼从平地升起。离别时，那紫丁花开时的眉目传情，大雪纷飞中的海誓山盟，图书馆里的掩卷沉思，松花江畔的豪情万丈，冰雪世界的童话梦想，一幕幕浮现流过，早已沉淀到记忆的深处。

四载时光，南方人的细腻性格，武装着北方人的慷慨大气，世事沧桑，恩怨情仇，没有一顿酒解决不了的烦恼。狂歌痛饮空度日，似乎还未从喝着北大荒，撸着烤肉串，啃着哈尔滨红肠，吟诵着北国风光，千里冰封，万里雪飘的日子中走出，蓦然间已经毕业，于是又一路南下，告别白山黑水，穿越高原黄土，直到江南绿色重新出现在眼前，我又回到了南方。但漂移的心始终未定，不久又漂到了更南方——下南洋。

大学四年，是人生的重要转折点，奠定了未来发展的基石，让我们上升到新的高度，可以站起来瞭望一下世界，开启自己的人生梦想。新加坡，扼守马六甲海峡，站在东西方文明的交汇点，得天独厚的地理位置，自古便是贸易重镇，潮起潮落，万国朝商，商贾辐辏，市井繁华。半个世纪前又有李氏光耀星洲，以公开公平的制度种下了光荣与梦想的种子。经济龙飞，俊采星驰，小小的岛国，大大的舞台，我哈工大校友亦不遑多让，纷纷踏海而来，逐梦狮城。

时至今日，已有五六百名哈工大校友在新加坡学习、交流、工作和生活。2014年，由左海滨、朱国洪等校友登高一呼，于内政部社团注册局正式成立校友会。哈工大校友秉承学校"规格严格，功夫到家"之校训，做事严谨，踏实肯干，但行事低调却难掩事业高光，各行各业中精英迭出。有权成根、陆亿泷等知名学者；有陈国才、左海滨等商界领袖；有王刚、王庆、郎君等青年俊杰；更有诸多硕士、博士在此交流学习，前途不可估量。

如今恰逢百年校庆，回看哈工大历史，应时势而生，顺国运而长，与共和国的历史同频共振。哈工大师生，奋发拼搏，与国图强，成绩骄人，上可发飞船升空，下可潜蛟龙入海，能让高楼矗立天际，也能让隧道贯通海隅，无愧为工程师的摇篮。

此次哈工大学子，如李琨、岳程斐、杨眉等诸生，虽理工科出身，但文采亦可立传，志愿组织、挖掘、采访、撰写了诸多校友之奋斗故事、精彩人生，值此百年校庆之际，结集出版，让后学者可以从中汲取营养，少走弯路，多学经验，意义非凡，亦可让杰出校友的故事入选百年校庆丛书，永载史册，激励更多未来的哈工大学子努力奋斗，自强不息，续写下一百年的精彩故事。

我们背负着学校的名誉，漂洋过海，闯荡世界，立足各行，搏击风浪。每当遇到困难，只要你抬头仰望，遥远的夜空有一颗闪亮的星星，其名为哈工大星，它会照耀你前方的人生道路，星汉灿烂，来日方长。而今，时遇你我，我们当竭诚奉献，回馈母校，向校庆献礼祝贺，祝福母校再铸百年辉煌。

（本文摘自《新加坡封城日记》）

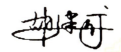

哈工大新加坡校友会会长

目录

左海滨　李明华　哈工大新加坡校友会首任会长（86级校友）/ 1

胡建成　哈工大新加坡校友会第二任会长（98级校友）/ 11

权成根　哈工大77级校友 / 23

卢济新　哈工大79级校友 / 33

汪英光　哈工大80级校友 / 41

贝　旭　哈工大86级校友 / 49

程长东　哈工大86级校友 / 61

董玉振　哈工大86级校友 / 71

陈国明　姜玉涛　哈工大87级校友 / 73

丛正霞　哈工大87级校友 / 83

刘晓冬　哈工大87级校友 / 93

蔡越宾　哈工大88级校友 / 103

周永程　哈工大88级校友 / 105

陈　光　哈工大89级校友 / 107

王秋实　哈工大91级校友 / 113

任冬艳　哈工大92级校友 / 121

朱红兵　哈工大92级校友 / 129

王　庆　哈工大93级校友 / 137

荣伟丰　黄玉萍　哈工大94级校友 / 141

吕丽茹　李　维　哈工大96级校友 / 143

孙广坤　哈工大96级校友 / 153

钱晓林　哈工大98级校友 / 161

郎　君　哈工大 00 级校友 / 173

李志伟　哈工大 00 级校友 / 177

潘耀章　哈工大 00 级校友 / 179

胡澄澄　哈工大 03 级校友 / 187

唐宇攀　哈工大 06 级校友 / 189

张　楠　哈工大（深圳）06 级校友 / 199

岳程斐　哈工大 09 级校友 / 211

孙　路　哈工大 10 级校友 / 212

郑志敏　哈工大 10 级校友 / 213

窦彦昕　哈工大 11 级校友 / 214

魏昊宇　哈工大 11 级校友 / 215

杨　力　哈工大 12 级校友 / 216

沈彦晴　哈工大 13 级校友 / 217

贾琳然　哈工大 14 级校友 / 218

吴步晨　哈工大 19 级校友 / 219

哈尔滨工业大学新加坡校友会简介 / 220

现任（第三届）理事会名单 / 225

第一、二届理事会名单 / 227

校友会征集校友名录倡议书 / 228

2019 年 3 月 8 日会议纪要 / 230

《哈工大人在南洋》编辑部第一次会议纪要 / 231

排序说明 / 235

后记 / 236

哈工大人 在南洋

左海滨　李明华
哈工大新加坡校友会首任会长（86级校友）

　　左海滨，1986—1991年在哈尔滨建筑大学国际工程管理专业精英班学习；2001—2002年攻读国立南澳大学MBA；2010年获得新加坡国立大学亚太高层企业主管硕士学位(EMBA)。1999年5月赴新加坡工作生活至今。1999—2014年任青建地产（南洋）集团发展有限公司执行董事经理，2014年起担任盛和建筑私人有限公司董事长。

　　李明华，1986—1990年在哈尔滨建筑大学（2000年并入哈尔滨工业大学）工业与民用建筑专业进行本科学习；1999年5月赴新加坡工作生活至今。2013年获得新加坡国立大学亚太高层企业主管硕士学位(EMBA)。1999—2014年任青建地产（南洋）集团发展有限公司经理，2014年起担任盛和建筑私人有限公司董事。

比肩同行人生路
携手共创事业途

2019年5月,盛和建筑私人有限公司(Vico Construction Pte. Ltd.)获颁新加坡建设局的A1建筑工程总承包资质,可承揽任何规模、任何造价的建筑工程,这相当于中国建筑工程施工总承包特级资质。这是左海滨和李明华两人在重新创业的短短五年内,再创辉煌的重要里程碑!

看今朝,踏上征途,再次创造辉煌

五年前,左海滨和李明华两人离开青建南洋自立门户创业;五年后,他们把两人的盛和建筑私人有限公司,打造成员工约三百人的公司,跻身于新加坡顶级工程承包商,同时也成为新加坡知名的房地产开发商。我们再次见证他们比肩同行、续写传奇故事。

左海滨是青建南洋辉煌传奇的缔造者,他将名字本身铸成一块金字招牌。因此,2014年自主创业的左海滨夫妇迅速得到朋友的帮助、同行的支持和市场的认可,以建筑工程承包作为起点,打开了局面;第二年，联合南山集团投标一块私人公寓用地，开始住宅开发，这就是他们夫妇联手打造的盛和建筑的第一个地产项目——汤申印象（Thomson Impressions）。到2015年底，他们用了仅仅两个月，就取得了超过40%的销售量，成绩骄人。这样高效率的工作状态和良好的市场反馈，是他们夜以继日付出了非比寻常的努力的结果。短短五年，盛和建筑已经完成多个房地产开发和建筑施工项目，在市场站稳了脚跟。

成功的关键源自于他们企业核心文化里的"三个满意"——令政府满意、使客户满意、让员工满意。他们坚持做企业一定要配合政府的新政策和新方向，顺势而为。近几年新加坡政府上调建筑业外国劳工税，当很多建筑老板只是抱怨公司成本的增加时，他们夫妇却积极看待，认

左海滨与团队举办新项目动工仪式

为这正是促进建筑企业提高生产力、提高公司竞争优势的契机。于是他们快速投入到会改变建筑业规则的建筑大规模预制模块化施工技术（Prefabricated Prefinished Volumetric Construction，PPVC）。在"汤申印象"项目的开发中，他们把买家对产品设计和品质的感受与认可放在首位，坚持选用高档大理石，决定增加景观和设施，等等。最后不知不觉地多出上百万的成本，虽然这是以他们的利润为代价的，但他们仍然坚持高标准、高质量。随着客户的满意和市场的欢迎，盛和建筑的效益在过去五年中逐年猛增，员工也一起分享这喜悦的成果。盛和建筑注重自身的人才培养，通过事业留人、感情留人及待遇留人，公司员工的低离职率及人数的快速增长是员工对公司满意的最好佐证。一走进盛和建筑的办公室，那 5～6 米的层高和无隔断的办公空间给人耳目一新的感觉，一切都彰显着大气和不凡！

建筑企业唯有顺势而动、不断创新，方能在变局中生存及发展。盛和建筑在 2016 年研发并获得新加坡政府批准的钢筋混凝土建筑大规模预制模块化施工技术，从而取得市场的领先优势。现在，很多建筑项目除了电梯井、电梯厅和公共走廊现场浇筑外，约 80% 是采用大规模预制建筑模块技术建造。这些模块单位包括卧室、客厅、防空壕、厨房等，每一个建筑模块在工厂内已完成到饰面或一层底漆。模块一运抵工地就可像"搭积木"一样直接组装，不仅能节省成本、缩短工期，也能提高工地安全、建筑质量，以及减轻环境污染。企业家的脚步一直在追求事业的征途上。如今，他们在中国市场开疆拓土，要把盛和建筑成熟的 PPVC 技术推广开来。

弹指五年过去，他们夫妇带领盛和建筑迅速从建筑工程施工，发展到建筑施工、房地产开发、房地产投资和设计生产预制模块四大板块；

左海滨与李明华组织团队建设活动　　　　左海滨夫妻与员工喜迎新春

从新加坡市场发展到马来西亚、印度尼西亚、东帝汶及中国，不断壮大。他们再次创业的宏图正慢慢展开，再次书写属于他们的传奇故事。在不远的将来，我们可以期待盛和建筑定能发展成为新加坡乃至区域业者中的龙头企业。

忆往昔，风雨兼程，铸就青建南洋

1999年5月，左海滨以新加坡负责人的身份带领青建"先遣部队"进驻新加坡市场。他深入地体会到新加坡优美的生活环境、良好的经商环境及顶尖的教育资源。此次，他踌躇满志准备在此建功立业。

夫妻同心，其利断金。哈建大工民建专业毕业的妻子李明华这次与他结伴而来，不仅为他减轻了生活负担，也在工作上主导公司内部管理和预决算。左海滨则专心承接工程。他们带领员工们稳扎稳打地承接小项目，站稳脚跟逐步与新加坡有经验的公司合作；同时，左海滨利用业余时间攻读国立南澳大学MBA课程，不断开拓自己的眼界。当然，一个真正的企业家，不可能靠胆大妄为、乱闯乱撞而成功，也不可能只停留于课堂里的理论说教。他必须在市场经济的大潮中摸爬滚打，在风雨的锤炼中长大。

青建南洋能在朝夕瞬变的竞争大潮中屹立不倒，这依靠左海滨规划的公司十年发展战略和制定的低成本、集中化以及快速反应的竞争策略。通过低成本和高质量，他积极带领青建与当地公司合作经营、借力打力，到2005年12月青建第一次把自己的名字与合作公司一起印在总承包公司的名单中。2006年青建绿色的围栏布满盛港新住宅区，"盛港王"渐渐成为左海滨当年的代名词。2007年12月，公司单独一举中标政府组屋工程，标志着青建开始独立承揽总承包工程。2008年2月，青建成为中标新加坡私人组屋DBSS（Design, Build and Sell Scheme，设计、建造和销售一体）项目的第一家中资企业；该项目在2009年的全球金融危机的逆市中依然凯歌高奏。2010年6月2日，青建成功竞标得到第一个私人公寓地块，该开发项目成为青建南洋公司发展中的一座里程碑，标志着青建在新加坡的发展向更高层次的住宅市场进军。此后，左海滨领导下的青建南洋在多元化发展的路上一路狂奔，完成了由单一的工程承包的劳动、管理密集型建筑企业向资本、智力、技术和管理密集型的建筑地产多元化的综合集团的转变。

这期间，左海滨对于企业大局的把控、公司内部的管理、与外界企业的沟通和交流都驾轻就熟、游刃有余。他掌舵的青建南洋乘风破浪完成了由小到大、从弱到强的四次华丽转身和质的飞跃：从单一的包人工到工程二手承包商，升级至总承包商，再到房地产开发商，最后发展成为建筑地产综合集团。

数字是枯燥的，但只有数字才可以看到左海滨15年书写的传奇和创造的辉煌。从初始资本50万新元发展到净资产约5亿新元，1 000倍的增值，连续15年每年相当于60%的年复合回报；员工从1999年9

月开始的5人发展到2014年的1 800余人；从年营业额100多万新元到年完成产值超过5亿新元；从70～80平方米的居住兼租用临时办公室，到1 000多平方米自有办公室产业。再看在新加坡建筑地产市场上，2010—2014年青建南洋出售的公寓单位数量在新加坡排名第六，占公寓销售市场的2.7%；同期，住宅建筑工程承包量占新加坡住宅建筑市场4.2%的市场份额。

浪漫创业，有你有我，还有家

风雨兼程的两次创业路，是左海滨夫妇一步一个脚印的奋斗史。一句话，一辈子，一生情，他们一路走来。这一路上，风也过，雨也走；有过泪，有过笑；也有伤，也有痛；但在心中，他们始终坚持着彼此的承诺。

最浪漫的创业，就是那有你有我神雕侠侣般的"说好创业到白头，中途谁也不要溜"。真正做到事业家庭双丰收的创业夫妇，无一不是患难与共，相互扶持，并共同品尝成功的美酒。左海滨夫妇，曾经相识、相知、相恋于20世纪80年代的哈工大；曾经热恋的情侣一个分配在哈尔滨，一个分配到青岛；曾经结婚刚8个月，一个远赴非洲莱索托，一个留守国内；曾经把三岁的儿子留在青岛两年，他们一起奔赴新加坡创业……这一路上，分担呕心沥血的辛劳；一路上，享受创业过程的快乐；一路上，分享家庭的喜悦。

1993年中，援建非洲莱索托的左海滨还没有完全适应子弹随时会嗖嗖而过的生活时，便遭遇了两次入室抢劫。漆黑的夜晚里，凶悍的劫匪用枪顶着每个人的头。寒冷与恐惧袭向这群手无寸铁的建设者，但勇敢的他们用智慧保住了国家财产。这样的恐怖经历，磨炼出左海滨泰山崩于前而色不变的沉着冷静和闲看庭前花开花落的从容淡定；这样的艰苦生活，使得左海滨更加豁达乐观。看着一幢幢青建建造的房子拔地而起，听着伴随五星红旗冉冉升起而奏响的嘹亮国歌，他信心满满，工作起来豪情万丈。这新婚燕尔就两地分隔的两年多，却是李明华最难熬的那段时光。当时，一封信要漂洋过海几个月才能送到远在北半球的李明华手里。提心吊胆地等信，成了她最期盼、最煎熬的一件事。这段特殊的经历不仅让李明华成为处理家里家外大事小情的"全能手"，也让她成为能在工作上独当一面的女强人。

每一个成功男人背后，都有一个贤惠坚强的女人。性格爽朗、待人真诚的李明华不仅仅是左海滨生活上的贤内助，更是他工作上的伙伴和知己。工作上，左海滨展现卓越的领导力，给公司前景指方向、绘蓝图、定战略；李明华具有超强的执行力，订计划、抓细节、查结果。双剑合璧的完美配合，是创造青建辉煌和迅速壮大盛和建筑的关键。那时的李明华像一个无所不能的超人，对待工作她处处亲力亲为，甚至在嘈杂纷乱的建筑工地爬到楼顶大声指挥；对待生活她勤劳贤惠，每天将丈夫的衬衫洗得干干净净，熨得平平整整；亲自辅导孩子的课业……

创业的艰辛并未影响他们二人对儿子的悉心培养。毕业于新加坡最著名、最难进的莱佛士书院的儿子是他们的骄傲。在李明华的鼓励下，儿子坚持课程学习，爱好和特长全面发展，曾在书法和绘画上屡获嘉奖。如今，昔日的"淘小子"已经成长为一名成绩优秀、多才多艺的"帅小伙"，正攻读新加坡国立大学建筑学专业。每每提起当年夫妇二人闯南洋不得不把年幼的儿子留在青岛的日子，李明华眼眶就开始泛红，因为曾经的他们是多么想每日在儿子身边，陪伴他成长。

生活总是有苦有乐，苦过才慢慢于伤痕间坚强，乐过才渐渐于幸福中豁达。如今幸福的三口沿着人生完美的轨道，一起创业，一起经营，一起流汗，一起欢笑。

　　一辈子是场修行，短的是旅行，长的是人生。左海滨和李明华奋斗的路上一直没有停止学习充电。早在2001年，左海滨便攻读了国立南澳大学MBA，后与妻子先后拿到新加坡国立大学亚太高层企业主管硕士学位。一路走来，良师益友多了，视野开阔了，同时眼界日渐开阔，经验也日积月累。能力变强了，世界更大了。从打工皇帝转型创业达人，时间又仿佛回到了刚刚来到新加坡的时候，又是一轮新的挑战，又是一如既往的拼搏。

他乡遇校友，情谊永不散

　　石蕴玉而山晖，水怀珠而川媚。重情重义的左海滨心怀在新加坡的老乡和校友，在工作之余带头创建了山东老乡们互帮互助的齐鲁会和哈

左海滨夫妻与父母合影

尔滨工业大学新加坡校友会，并积极组织活动来帮助大家建立感情。作为校友会的开拓者，左海滨努力让校友成为新加坡校友会和母校发展的关注者、建设的参与者及成果的共享者。一群年龄跨越了半个多世纪的哈工大人欢聚一堂，亲切地交谈，追忆哈工大往事，分享在新加坡的学习、生活和工作心得，沉浸在同根同源的哈工大校友情谊中。

聚是一团火，散是满天星。校友永远是母校最宝贵的财富和资源。哈工大的优良传统和朴实校风，是历届师生和校友传承和积淀的；哈工大今天的社会地位和影响，也是过去100年海内外师生和校友为社会做出的贡献造就的。左海滨和李明华正是其中的出色代表和榜样。

左海滨（二排右三），李明华（一排右四）与校友合影

哈工大人 在南洋

胡建成
哈工大新加坡校友会第二任会长（98级校友）

HARBIN INSTITUTE OF TECHNOLOGY

　　胡建成，哈尔滨工业大学98级校友，2002年毕业于国际工程管理专业。2012年获得新加坡南洋理工大学（NTU）理科硕士学位（国际工程管理专业），2014年获得新加坡国立大学EMBA学位，2017年至今在清华大学五道口金融学院攻读"一带一路"EMBA。

人活着就是要让周围的人因你而幸福

胡建成 2004 年加入中建南洋公司，开启在新加坡的工作、生活之旅。2008 年开始创业，先后成立多家企业，横跨多个地区和行业。2008 年创建华庭建筑有限公司，2009 年创建华诚发展有限公司。2010 年创建恩诚建筑有限公司，并先后创建恩诚建筑（马来西亚）有限公司（2017 年）和恩诚建筑（柬埔寨）有限公司（2018 年），合计年产值超过 1 亿新元。2015 年创建恩诚晶艺（杭州）模具制造有限公司。2016 年创建恩诚晶艺美术馆。企业目前已形成涵盖建筑、模具、文化传播等领域，横跨新、马、柬等国家和中国杭州的产业群，赢得了广泛赞誉。此外，胡建成校友还担任新加坡浙商总会名誉副会长、江苏省镇江市云台书院名誉院长、哈尔滨工业大学新加坡校友会会长等职务。

"虽富贵不易其心，虽贫贱不移其行；以通经学古为高，以救时行道为贤。"——这是胡建成挚爱的对联，也是他的真实写照。从赴上海打工到奔赴新加坡创业，从"被赶出工地"到在新、马、柬等地成立公司，从学习书法自娱到致力于传播中华文化，胡建成身上始终闪耀着"铭记责任，竭诚奉献；求真务实，崇尚科学；海纳百川，协作攻关；自强不息，开拓创新"的哈工大精神,并以感"恩"有你、贡献社会和"诚"实做事、"诚"信做人的核心价值带领团队实现"让建筑带来幸福生活"的愿景,践行着"人活着就是要让周围的人因你而幸福"的座右铭,成为哈工大海外校友中的翘楚。

父母在,不远游,游必有方

胡建成出生在浙江宁海妙(也作帽)峰山脚下,又有绿水环绕,名为"山水"乡。在那里,砍柴、插秧、打稻谷、放黄牛、追小羊、捉野兔、逮麻雀、摘野果以及零星时间的读书写字构成了他童年的记忆。在那里,前人用手和锄头劈开杂草,再用小榔头把一枚枚卵石嵌进土里,铺成了一条山路,将这个小山村和外面的世界连接起来。沿着这条路,胡建成坐着拖拉机,在映山红的目送下,在麻雀的歌声里,翻过好几座大山,蹚过好几条小溪,进入了县里的重点中学。

"男儿何不带吴钩,收取关山五十州。"走出江浙,胡建成奔赴朔方冰城求学,开启大学生活,这也注定是影响其认知和处事风格的转捩点。与江浙的清丽雅致迥异,北国冰城的坦诚率真和文化交融让城市呈现出别样风情。哈工大作为哈尔滨的城市瑰宝,其"规格严格,功夫

胡建成家乡浙江宁海妙峰山下

到家"的校训与工业城市的精髓相结合，既延续了城市的风格，也吸纳了城市的精魂。日渐月染，塑造和培养了胡建成"踏实肯干、勤奋刻苦、沉稳内敛、不急不躁、为人低调、抵制诱惑"的性格与能力，更成为其此后在异乡熬过最艰难创业时光的精神支撑。

胡建成书法作品

当时的哈尔滨，工业氛围和计划经济气息已蔓延到城市的方方面面，单位制的气息与江浙地区的海洋文化也产生了强烈的反差。行将毕业之时，哈尔滨政府采购中心向胡建成伸出了橄榄枝，面对这一"上可光宗耀祖，下可福荫子孙"的"官差"，胡建成犹豫了。四年的异地求学，孝悌两违，已让胡建成心生愧疚；毕业后，何去何从？思忖再三——父母在，不远游，胡建成毅然决然地放弃了留在哈尔滨政府机关的机会，听从父母召唤，奔赴上海就职。

闯荡上海是江浙传统，个中情味，冷暖自知。思南路的梧桐，太平湖的绿波，黄浦江的流水，黄陂南路的情侣，皆与游子无关，甚至那么刺眼。就职于上海石化的胡建成，身处巨型企业中的无力感与身在大都市的疏离感同在，只觉身在洪流，无所适从。助学贷款无力偿还，都市繁华与己无关。无数不眠之夜后，他终于决心辞职。凤凰翔于千仞兮，揽德辉而下之。沪上蛰伏终不愿，收拾下南洋，从头干。此后重回沪上，归来池苑两相看，惟觉一别两宽，须臾十年。

恩诚集团马来西亚项目封顶

人生路，紧要的就几步

命运的馈赠有时看似嘲弄，唯有足够坚忍和顽强，才能看到暴雨彻洗之后的天空。2004年11月，新婚燕尔，顾不得蜜月柔情，胡建成便跟随中建南洋公司远赴狮城。初到新加坡的时日里，吃住全在工地上。工地上的宿舍与其说是宿舍，不如说是集装箱，加上简单的淋浴和厕所。光天化日，都能看到老鼠唱戏。多年后重看当年的博客，旧日情景如昨日般，不堪言——"不喜欢这里的工作，时间太长，心太累，但为了生存，必须工作着。不喜欢这里的生活，没有亲戚朋友，没有房子，没有生活的乐趣，为了这份工作，必须待下去……"狮城的雨越下越大，越下越急，狠狠地打在集装箱上，发出响亮的声音。这雨，也仿佛抽打在胡建成心上，阵阵刺痛。

2008年10月16日，对于胡建成而言是值得终生铭记的日子。他的第一个公司成立，取名为华庭，即中华庭院。瞬息角色转变，如同千钧重担一人承担，这让从来都是吃得香、睡得着的胡建成整夜焦虑失眠。幸运的是，一帮朋友不顾公司的大小，不论薪酬如何，毅然加入，共度时艰。投标、开会、走工地、管进度，人生进入了新阶段，痛苦看似告一段落。

诸事一步难，步步难，异乡处处是难关。人员问题、工程技术问题、资金问题，个个接踵而至。就拿工程技术而言，每一次下灰都让胡建成心惊胆战。虽然人不在工地，但心总是悬着。那时他整夜不得安眠，守在电话前，生怕出变故。最难熬的当属遭受无缘由的责难。"挖土和垫层已经超出我们的施工范围。由于总包挖土粗糙和下面的垫层不平整，在此上面绑的钢筋会更明显不平整。"说到此处，胡建成眼圈泛红，"垫层不平，造成钢筋不整齐，却责骂我们没做好。在上百号工人面前，大声辱骂，不听解释，把我们赶出工地。""那怎么办呢？""怎么办？现在你关系的不只是自己，更有跟你一起的朋友、工人，还有这些人背后的一家老小。你不光是为自己而活着，也是为团队而活着。"一宿没睡的胡建成找到总包，拍胸脯扛责任，从头来。就这样忍着、挺着、坚持着，用10个月的时间完成了项目，拿下300万新元的利润。然而，共患难易，同享福难。创业初期股权不明晰、股东责任不明确、财务规划不完善的问题开始逐步显现，无奈他只能在2010年4月决定关掉华庭。

有了第一次的经验教训，胡建成更加意识到企业管理的重要性。谈起再创业时，胡建成依然选择了和当时分手的晶艺公司合作："当时的老白老板识人用人，我才有机会成为一名创业者。要懂得感恩，感谢他们给我这样的机遇，真诚地把公司做好。"明确了各自的职责，重新出发。"我们做建筑的，吃的是辛苦饭，只要你勤奋，努力地在工地上打拼，管理好工人，就能吃口饭。但是如果公司到一定的规模，靠的就不仅仅是勤奋，还要有毅力和管理。""做企业的人，有时候拼的就是毅力，看谁顶得住，能吃得起这个苦，能转变思想、提高管理。"在先后创办华诚、恩诚晶艺（杭州）模具、恩诚晶艺美术馆的同时，胡建成完成了南洋理工大学国际工程管理、新加坡国立大学EMBA课程的学习，不断充实自我、突破自我。同时，公司经营也寻求多元的发展模式，广纳贤才，一步一个脚印，逐渐发展成为涵盖建筑、模具、文化传播等领域，横跨新、马、柬等国家和中国杭州的规模型产业，年产值超过1亿新元。

回顾创业历程，胡建成说："如柳青在《创业史》中所说的，'人生的道路是很漫长的，但要紧处常常只有几步'。但不管如何，首先要让自己强大，让自己变得有智慧。保持清晰的头脑，在困难和压力面前锻炼自己，一直坚持，总能解决问题。更要懂得感恩，做一个善良的人、一个有良知的商人、一个能给员工带来福利的老板，让周围的人因你而幸福。"

人皆看到胡建成的成功，可谁知道他家人的付出？如同月亮的背面，不被看到，也不耀眼。《庄子·内篇·大宗师》中道："相濡以沫，不如相忘于江湖。"然而，相忘于江湖又怎能及

胡建成与家人

相濡以沫恩深情长？奔赴新加坡近二十年，胡建成最为倚重的人依旧是爱妻。妻子出生于上海，毕业于名校同济大学土木工程专业，一路追随他到新加坡创业。多年来她在事业上与家庭中相伴鼓励、提携扶持，尤其在最初创业的岁月里，一个人默默付出，又顾家庭孩子，又顾公司业务，里里外外，是胡建成的得力助手。这些成为彼时异乡岁月中仅有的一丝蜜意，黑暗中的一道流光，让人看清自己和爱人的模样。他们就这样陪着伴着，地久天长。

无论走到哪儿，都不能忘了根

我愿意它是一根绳子，绑我回去
但它是一条鞭子
狠狠抽我
走得愈远
抽得愈重
故乡啊，我在流浪的途中含着泪
回头喊疼

——江一郎《故乡的路》

胡建成在练习书法

离家的脚步越远，思乡的感情越浓。从踏出国门的那一刻起，就要学着精打细算，学着兢兢业业，学着洁身自好，学着面对人生冷暖。作为第一代移民，对故乡的依依不舍，新故乡对自己的隔阂与排斥，以及怎样在融入新环境的过程中不迷失自我，是摆在胡建成面前的难题。从

胡建成将作品赠予新加坡财政部长

小钟爱书法的胡建成给出了他的答案——把苦和累、爱与别离印在心头，融进骨血里，寄托于笔墨上。曾经担任过哈工大新风书法协会主席的胡建成，重新提笔练字，苦研经典，地板、黑板、桌板均成了他的"战场"。苦心人，天不负，在练字的同时，他也收获了多项荣誉：先后三次参加中资企业（新加坡）协会爱国者杯书法大赛，获得成人组一等奖；日本著名书法、篆刻大师师村妙石将他收为弟子，并赐艺名"妙峰山人"；他的书画作品被作为礼物送给新加坡财政部长等政要；被聘为镇江云台书院名誉院长；等等。

"我生在中国，长在中国。无论走到哪儿，都不能忘了根。维护华文价值，传播中华文化，是我

胡建成作品

胡建成展示书法作品

胡建成参加恩诚晶艺文化交流活动

胡建成在练习书法

胡建成当选宁海县海外人才新加坡站站长

胡建成接待母校海外高层次人才宣传团来宾

们中国人该做的事,让外国人做更不靠谱。"他是这么说的,也是这么做的。胡建成创建了集教育、培训、艺术展览于一体的恩诚晶艺美术馆,先后承办了"弘扬中国传统文化,践行中国一带一路"书画交流展等大型展览活动,并邀请中新书画界名人展开文化交流,受到广大华人华侨的赞誉和侨务领导机关的高度肯定。除此之外,恩诚晶艺美术馆每年都进行书画艺术品义卖,先后为新加坡轻按村养老院、宁波千手慈善基金会等慈善机构筹集善款。

笔墨写春秋,写风流,写过往。骨胶不腐,则情味不衰。每每落笔时,恍惚依旧是彼时岁月。彼时月圆风清,彼时裘马轻狂,彼时也只是少年从北国松花江畔,南归至黄浦江边,再一路下南洋。

哈工大人在南洋

权成根
哈工大 77 级校友

HARBIN
INSTITUTE
OF TECHNOLOGY

　　权成根，恢复高考后哈尔滨工业大学首届入学本科生，1982 年毕业于哈尔滨工业大学精密仪器系精密仪器制造工艺专业并获得工程学士学位。本科毕业后留校于精密仪器系光学仪器专业任助教，1988 年于哈尔滨工业大学精密仪器系光学仪器专业获得工程硕士学位。同年通过"中英友好奖学金"选拔考核并前往英国攻读博士学位。1992 年获得英国华威大学（The University of Warwick）工程学院博士学位，并于同年留任英国华威大学研究员。

规格严格　精密光学漫漫求索路
功夫到家　三千桃李忱忱舐犊情

权成根 1994 年加入新加坡国立大学（National University of Singapore）机械工程系担任博士后研究员。1995 年至 1998 年在新加坡生产力与标准局（国家计量中心）任高级工程师。1998 年至今，历任新加坡国立大学机械工程系助理教授、副教授。研究领域包括激光测量、白光干涉、光学无损检测、实验力学分析、光学条纹的数字图像处理、相位展开、光学图像加密、数字全息和数字图像相关。目前已经发表了总计近 300 篇国际期刊及会议论文，另有欧美和新加坡地区专利，并撰写或编辑图书若干。

"大学之道，在明明德，在亲民，在止于至善。"秉承着这句《礼记·大学》中的开篇纲领，权成根在自己的求学科研路上不断践行着自己的领悟。少年时期的权成根深知学习机会来之不易。考入哈尔滨工业大学后，他手不释卷，从入学时懵懂的青葱少年，到润物无声的科研导师，求学问道，授业解惑，在这十年的光阴里不断地充实、磨砺着自己。生活中有"八百壮士"的言传身教，思想上有"规格严格，功夫到家"的潜移默化，权成根把母校哈尔滨工业大学作为自己科研和教学路上的长明灯塔，指引自己不忘初心，砥砺前行。

格物致知，工大十载立根基

"我去哈工大入学报到的日子，是1978年3月12日。"回想起自己当年考入哈尔滨工业大学时的情景，权成根的眼中闪烁着兴奋和自豪。1977年9月，教育部在北京召开会议，决定恢复已经暂停了10年的全国高考。同年10月，各大媒体公布了这一消息。在那个灰色的年代里，突然恢复高考的消息像秋天里的一声惊雷，唤醒了千万青年沉睡的梦。对于黑龙江省五常市山河镇的权成根来说，这更是忽如一夜春风来，千树万树梨花开。彼时的他虽然已经经历了四年的下乡劳动，但是农村的艰苦生活丝毫没有磨灭他对科学文化知识的向往。

念念不忘，必有回响。1977年12月，只复习了三个月就去参加高考的权成根通过了省市两级的层层遴选，收到了哈尔滨工业大学的录取通知书。直到入学之后，他才从报纸上得知自己到底经历了怎样残酷的一轮筛选：全国高考报考人数570万人，仅有27万人走进大学的校门，录取率为4.8%。尽管在这场十不存一的筛选中脱颖而出，权成根依然强烈地感受到自己各方面知识的欠缺。带着这种谦恭克己的态度，他开始在哈尔滨工业大学精密仪器系奋斗。

三更灯火五更鸡，正是男儿读书时。从入学的第一天起，权成根就被学校里师生们的勤奋刻苦感染着。清晨，诵读声此起彼伏；午后，讨论声不绝于耳；黄昏，自习室座无虚席；深夜，教室里灯火通明。直到今天，

哈尔滨工业大学的学生上课的情景

哈尔滨工业大学耐心答疑的老师

哈尔滨工业大学专心自习的学生

那段食堂、教室、宿舍三点一线的日子，权成根依然历历在目。冰城的冬天寒冷而漫长，路灯下暗黄的积雪被深夜走出自习室的同学们踩得咯吱作响。这些数不清的脚印里，有些来自白天结束教学任务，深夜不忘科研工作，日后被称为哈工大中流砥柱的"八百壮士"；有些来自一心为祖国忠诚报效，朝气蓬勃执着追梦，如今在各行各业大放异彩的优秀哈工大人。权成根的脚印，也在这条三点一线的路上笃笃前行，未尝中断。也正是这段时间的刻苦学习，为他以后的科研工作打下了坚实的基础。

1988年，是权成根来到哈尔滨工业大学的第十个年头，此时的他即将在哈尔滨工业大学精密仪器系光学仪器专业获得硕士学位。但这一次，他没有选择继续留下。不登高山，不知天之高也；不临深溪，不知地之厚也。为了让自己能在科研路上走得更远，此时已经成家的权成根毅然选择了只身赴欧求学以开阔自己的眼界。当时的公费留学机会不多，他所看好的"中英友好奖学金"项目需要经过严格的考核和培训，而他的硕士课题却又远在北京。一边是位于北京的硕士课题和外语培训班，一边是位于哈尔滨的公费留学选拔考试和培训考试。忙碌奔波于两地的权成根没有放弃，凭借自己的扎实基础和优秀能力，终于同时获得了硕士学位和公费留学的资格，成为当年哈尔滨工业大学获得该项公费奖学金的七人之一。

宝剑锋从磨砺出，梅花香自苦寒来。在哈尔滨工业大学这段努力奋斗的青春时光终归没有白费。1992年，权成根凭借优异表现在英国华威大学获得工程博士学位。1994年起在新加坡从研究员、工程师开始工作至今，目前担任新加坡国立大学机械工程系副教授。已经发表近300篇国际期刊及会议论文，其中期刊文章210余篇，会议论文80余篇。另有欧美和新加坡地区专利若干，参与撰写或编辑图书若干。

正心诚意，南洋廿余展宏图

1982年的哈尔滨工业大学一校区主楼前，权成根和其他7713班的同学们站成几排，最前面一排坐着的，是与自己朝夕相处的各位系领导和授业恩师。在黑白相机的镜头前，大家一褪当年入学时的青涩羞怯，展露出大方自信的笑容。快门按下，这一届激励了之后无数学子投身高考的本科毕业生们，也把自己的青春定格在了那个秋天。

本科毕业，权成根和另外两位同学都选择了留校任教，以自己的实际行动回报这座培养他的校园。当时的精密仪器系人员编制不完整，光学仪器专业没有足够的老师，他被分配到了这个自己没有接触过的研究方向担任助教。自学一个自己不熟悉的专业，同时还要协助其他学生进行专业知识的学习，这对于本科刚毕业的权成根来说的确是一个不小的挑战。但是想到自己求学路上遇到的那些老师，他们总是鞠躬尽瘁、呕心沥血，尽最大努力将学生培养成才，前所未有的责任感便油然而生。既然自己没有接触过这个专业，那就和学生一起学习研究。权成根就这样把自己从恩师那里学到的点点滴滴传承了下来，也是从这时候起，他迈出了教书育人的第一步。

1994年，权成根刚从英国博士毕业不久，他在机缘巧合下从英国的同事口中了解到，新加坡国立大学机械工程系有他专业方向相关的研究工作机会。于是他毛遂自荐，最终来到新加坡国立大学，做起了同之前一样性质的研究工作。之后他在新加坡国家计量中心工作了两年多，于1998年再次回到新加坡国立大学任教。然而在新加坡国立大学这样一所世界知名大学，教师的升职和终身教席考核很严格。除了日常教学任务如上课、答疑之外，科研能力也会被重点考查。助理教授需要在一定年限内拿到终身职位，才可以继续留在新加坡国立大学任教，否则只能离开这里。

每一批来到这里的助教，最后只有大约一半可以通过筛选获得终身职位，经常会有世界名校毕业的助教不堪重压选择离开。在这种严酷的竞争环境下，当时初来乍到的权成根感受到很大压力，用他自己的话说，"没有周末或节假日休息的时间，都是没日没夜地忙"。

即使顶着这样巨大的压力，权成根依然不忘自己教书育人的初心。穷则独善其身，达则兼济天下，在自己不断努力的过程中，他更加意识到自己有责任帮助这些学生成长，就像当年在哈尔滨工业大学，老师们会帮助学生们共同进步一样。在他看来，经常和学生交流是一件很有意义的事，他可以根据学生的科研进度给出适当的意见，而学生独特的思考和观点也能给他更多拓展研究方向的灵感。因此从那时起，他每周都会邀请自己研究组的学生以及研究员开会讨论各自的课题情况，这个习惯多年以来一直保留着。在这种教学相长的氛围里，研究组成果斐然，平均每年都有十几篇期刊和会议论文产出。皇天不负有心人，凭借这些出色的研究进展和教学成果，权成根顺利地通过了终身职位的考核，以副教授身份留在了新加坡国立大学。

春风化雨，诲人不倦如蜡炬

除了自己这些年的求学探索故事，权成根谈及最多的还是自己的学生。令公桃李满天下，何用堂前更种花。如果说在哈尔滨工业大学担任助教时，他还只是埋下了自己成为教育者的种子，那么在新加坡国立大学期间，他则是真正把这颗种子培养成了参天大树。为了培养学生独立自强、钻研进取的意识，权成根把哈工大的校训"规格严格，功夫到家"带进自己的研究组，推己及人，对学生的科研工作也是严格要求。

每周一次组会，平时也会根据情况安排不定期的关于研究进展的交流。这样的交流促进了师生间最新想法的及时讨论，也提高了组里的工作效率。发表论文对每个学生来说都十分重要，有些学生想要投机取巧，为了增加有自己署名的论文数量，就互相在自己的论文里加入实际上没有参与论文研究的同学的名字，但是对科研一向严肃认真的权成根很不赞成这种行为。在与学生合作的论文中，作者的名字一般不会超过三个，自己的署名往往都放在最后一位，这样既尊重了学生的劳动成果，也严肃了学生的科研态度。遇到学术会议的邀请，权成根也总是尽量把机会留给自己的学生，让他们有更多的机会去和外界交流、学习。有时带自己的学生一起参加学术会议，他还会热情地把学生介绍给其他同行业的教授。

除了在科研工作上的言传身教，权成根对学生生活中遇到的问题也很关心。几年前，自己的一位男博士生直到毕业几年后还是没有告别单身，这件事一直被他放在心上。直到有一天，在哈尔滨工业大学新加坡校友会的活动中，权成根遇到了一位来自哈工大的小师妹，交流中发现她也是单身，便要介绍她和自己的学生认识。在他的引见下，这两人终于修成正果，喜结连理。这件事至今还在新加坡校友会中被传为美谈。

蓦然回首，谈笑风生似当年

在采访的最后，权成根向我们分享了他们班的毕业三十五周年纪念视频。这份珍贵的视频是 2017 年由他们班的一位同学亲手编辑制作的，里面包含了他们当年在大学校园和毕业后相聚的点点滴滴，深得同学们的喜爱。他自己也会在闲暇时反复欣赏，仿佛能在视频里看到自己和同学们无悔的青春。随着视频的播放，他回忆起了当年的故事。

哈尔滨工业大学7713班毕业合影留念

　　视频从一张黑白的7713班毕业合影开始。对现在的我们来说，那也许只是一张躺在学校档案馆里有些泛黄的黑白合影，但对于权成根来说，这合影记录下来的每一张面孔，都对应着一个美丽的故事，一段难忘的年华。甚至那些同学身后的主楼，两侧的树木，都藏着他深深的回忆。

　　制作视频的同学用心收集到了很多当时旧校报《哈工大》上的剪报，用来向大家重现当年的故事。从恢复招生的旧闻中，我们读到了当时那几十万入学青年的幸福与骄傲；在7713班完成第一届毕业设计的描述里，我们看到了这些优秀学子的孜孜不倦……在接下来的一段沙画中，我们看到了当时大学生活的方方面面。校门前迎接新生，朝气蓬勃；课堂上传授知识，座无虚席；自习室里空位少，田径场上拼劲足；电机楼外观雪景，中央大街赏冰灯。伴随着铿锵有力的《哈工大之歌》，多年来同学们聚会的合影留念也一张张被展示出来。不少照片里,同学们都带着自己的爱人和孩子一起聚会,更值得津津乐道的是,有些同学的孩子也是在哈尔滨工业大学完成了学业。

作为当年7713班的班长,权成根看着自己当年和同学们去松花江边游玩的留影,感慨万千。携来百侣曾游,忆往昔峥嵘岁月稠。恰同学少年,风华正茂;书生意气,挥斥方遒。当年共赏秋月如霜,如今早已天各一方。现在大家的共同愿望,就是在百年校庆这个难能可贵的日子里,让各位同窗好友再次齐聚一堂,把酒言欢。视频又回到了毕业时的合影,这一次,却是一张一张从合影中放大出来的人像特写。看到第一排坐着的那些老师,权成根由衷赞叹他们的兢兢业业、恪尽职守。其中的几位老师已经永远离开,但这些"八百壮士"拼搏的精神和务实的态度,早已深深印在了每一位同学的心里。

后记

三十功名尘与土,八千里路云和月。权成根校友的奋斗历程看似波澜不惊,实则步步艰辛,饱含汗水。在此敬献他对各位在校学友的寄语,谨与诸君共勉:

古人学问无遗力,少壮工夫老始成。本科四年是人生中最关键的时期,而当今时代对广大学友来说更是很好的机遇。你们这一代是见证建设社会主义强国、实现中国梦的美好时刻的一代。大家都应该抓住机会,珍惜四年的宝贵时间,扎扎实实打好基础。随着时代的发展,未来会有新知识、新技术不断涌现,只有打下坚实的基础,才能适应即将到来的机遇和挑战!

哈工大人 **在南洋**

卢济新
哈工大 79 级校友

HARBIN
INSTITUTE
OF TECHNOLOGY

　　卢济新，1979 年开始在哈尔滨工业大学攻读焊接专业，1983 年获得本科学位，1983—1990 年分配进入上海航天局国营厂工作，1990—1994 年入职深圳私营企业，1994 年 10 月离开深圳前往新加坡，先后担任新加坡东南亚有限公司运作经理和 Libra Equipment 公司工程师职位。2009 年正式创业，成立一家以机械制造为主营业务的公司 FJ MACHINERY PTE. LTD.。

足履实地的创业者

学海未负韶华美

1979年，物质匮乏、师资薄弱，卢济新凭借自己的努力在高考中获得优异的成绩。虽然那时对大学的了解少之又少，但是"哈尔滨工业大学"这所学校在卢济新的老家福建却是颇有名气。那个夏天，带着对大学生活的憧憬，卢济新选择了哈工大的"金字招牌"——焊接专业，顺利地成为一名哈工大人。

与其说大学不过是高中的延伸，在那里还得继续高中的那种拼命苦学，不如说大学是一幅空白画卷，等着你用智慧和双手描绘属于自己的七彩青春。那时的大学生活虽没有如今的丰富多彩，除了日复一日按部就班的上课、自习便无太多的文娱活动，但是卢济新积极参加各项体育活动，保持了自己这样一项爱好，他享受在绿茵场上挥洒汗水的感觉。时至今日，他不能忘怀的还是毕业那年运动会上为学院争得的400米栏和110米栏两项冠军荣誉。大学的教室承载着他的梦想，操场的跑道记录着他的青春……

明灯玉宇傲苍穹

1983年,卢济新毕业分配进入上海航天局工作,他为自己能亲身参与祖国航天事业的发展和见证长征火箭的制造与发射而感到无比的自豪。当时正值中国对卫星通信"331工程"的探索期,中国的航天事业虽然已取得一定成绩,也积累了部分经验,但面对"331"这样庞大纷繁的工程,还是第一次。该工程包括五个全新系统的工作:"东方红二号"卫星的研制,其中包括通信转发器和天线;地面通信接收和发送站的建设和设备的研制;"长征三号"运载火箭的研制;微波统一载波测控系统地面站的建设和设备的研制;低纬度靶场的建设,要具备发射液氢、液氧发动机火箭的能力。每一个专业词语的背后都是航天工作者夜以继日的探索。回忆起为"331工程"奋力拼搏的日日夜夜,卢济新感慨万千:"当时国家工业基础较差,技术发展水平不高,没有性能优良的仪器设备,没有高速运转的计算机……虽然荆棘满地,可是大家没有怨言,工作热情很高,因为大家知道我们干的是一项伟大的工程,我们愿意为祖国的科技发展披荆斩棘。"

时光飞逝,三十多年后的今天,中国的航天事业早已发生了翻天覆地的变化,每每看到新闻中提及的相关内容,卢济新依然很激动,他十分感激那七年间"航天"二字带给他至高无上的荣誉感,也感恩那领略到的大国工匠精神,这种精益求精的精神直到今天依然在潜移默化地影响着他。

异国打拼皆波澜

1994年10月,卢济新来到素有"花园之国"之称的新加坡并进入东南亚有限公司工作。几年间，他身兼多职，不仅致力于公司的产品生产，还同时负责技术发展，赢得了上司及合作伙伴的认可。一次，公司卖到斯里兰卡的一条生产线出现了问题，对方只给他一天时间并且让他只身一人前往维修。时间紧任务重，虽然顶着巨大的压力，但卢济新还是完美地解决了对方的技术难题，这着实令合作者佩服不已。

类似这样的事情还有很多，但是最让他引以为傲的是他重建火灾后工厂的经历。当时工厂设在马来西亚，为了工作，他坚持每天早出晚归，往返于马来西亚的工厂和新加坡的家之间，三年时光不经意间就流逝在这披星戴月的生活中。一天，当他拖着疲惫的身体刚刚回到家中便接到了一个噩耗——工厂着火了。所有的一切转瞬间全部变成了灰烬，这对公司来说无疑是一场灾难。可是工厂不能倒闭，产品不能停产，既然伤心难过都不能解决问题，那就只能立即采取补救措施。为了重建工厂，他多次飞去中国台湾商谈购买生产设备。三个月后，当一座崭新的工厂在那片废墟上重新拔地而起时，卢济新欣慰地笑了，只有他清楚，这背后的付出是多么巨大。这段经历不是美好的，却是宝贵的。从忙碌与压力突然不期而至，到工作的道道关卡接踵而来，忙忙碌碌中，每每对着孩子童稚而期待的纯净脸庞，心里满是愧疚，他知道，长久以来，亏欠了孩子和妻子太多太多。

回首曾经的工作经历，卢济新坦言，其中有阳光，也有风雨雷电；有平坦的道路，也有荆棘坎坷；走过，经历过了，就无怨无悔。工作中永远是充满挑战的，忙碌的人生，如歌的岁月，这些都为卢济新的创业之路打下了坚实的基础。

创时困苦现宏图

2009年，卢济新成立了自己的公司FJ MACHINERY PTE.LTD.，他带领着这家以机械制造为主的公司一步一个脚印发展到今天，从最初公司只有一两个员工到今天拥有30多位员工，从没有客户到今天拥有数十位可靠的长期客户及合作伙伴，这趟艰辛的旅程承载的不只是汗水，也有辉煌。

众所周知，新加坡樟宜机场T4航站楼是全球首个在大型机场为出行旅客提供全套"畅快通行"（也名为FAST）流程的航站楼，旅客在离境的各个环节皆可选择自助服务完成操作。2017年，卢济新带领团队参与设计四号航站楼的智慧通关闸门系统，通关设备采用面部识别科技与全套自助"畅快通行"流程，即通过广泛运用包括人脸识别在内的技术重新定义旅行体验，这项技术如若投入运行不仅可以大大提升航站楼的运行效率和运作能力，也可以节省大约20%的人力。想做好如此复杂的项目绝非易事，时间紧、技术难度高，这些都是摆在眼前的难题，可是卢济新就是这样一个喜欢挑战的人，他亲自参与设计、找原材料、与团队讨论，在不断地发现问题、解决问题的过程中，他仅用短短的半年时间便圆满完成了该项目。如今，在四号航站楼，旅客可体验全套自助离境"畅快通行"流程——值机、行李托运、通关以及登机，整个流程让旅客们获得了更为便利的出行体验。

除此以外，钢结构工程也是公司运营的业务之一。新加坡国际港务集团有限公司（PSA International Pte.Ltd.）简称PSA，是世界第二大的港口经营管理公司，PSA公司总共在16个国家经营28个港口，业务遍及亚洲、欧洲及美洲，拥有66千米的码头长度和全球1亿1 100万个TEU的处理量。这一系列的数据彰显着该集团的强大，能与这样的集团合作当然是许多公司梦寐以求的，却也是具有挑战性的。几年前该港务集团曾广泛召集有能力负责集装箱码头项目的公司及企业，经过与多家公司的一系列竞争比拼，卢济新和团队获得了项目的参与权，并顺利地完成了部分集装箱码头钢结构工程的设计及施工，回忆起与PSA的合作，卢济新颇有感触："人生没有停靠站，现实永远是出发点。刚刚接手项目时各种问题随之而来，但我们还是竭尽全力一个个解决掉它们，这段难得的经历在公司的发展进程中写下了浓墨重彩的一笔。"

做人做事做长久

25年间，卢济新尝试过不同的工作，体会过各色的生活，领略过不一样的视野，也许他并不是在社会大潮中冲到浪潮之巅的那个人，却是最踏实做事、真诚待人的那个人。对待工作，他永远认真仔细；对待产品制造，他从不偷工减料……随着越来越多的客户看到了卢济新身上这一宝贵的特质，他们愿意与他成为长期合作伙伴并大幅增加投资，甚至有的合作伙伴让自己的子女跟随卢济新学习"生意经"，这些看似平凡的事情恰恰体现了他不平凡的一面。

新加坡港集装箱

关于做人做事，卢济新有自己的认识："当一个人春风得意时，要留点空白给思考，莫让得意冲昏头脑。当一个人痛苦时，要留点空白给安慰，莫让痛苦窒息心灵。做人做事踏实稳重最重要，只有脚踏实地去干事才能获得长久，而某种意义上来讲，长久即是成功。"

和谐美满幸福家

生活真谛在于创新，生活步履在于踏实，生活安乐在于平淡。多年来，他和同为国防类院校毕业的妻子相濡以沫，有很多共同语言。如今，女儿早已从新加坡国立大学毕业并找到了心仪的工作，即将高考的小儿子也正努力奋斗在考上好大学的路上。卢济新喜欢这样的平淡生活，也欣赏这一份平凡，他认为拥有一个和谐美满的家庭是难能可贵的，家有限

卢济新（右一）与家人

的面积总能给予拼搏的人无限温馨。

卢济新很享受现在的生活,闲暇之余最爱做的事就是带着全家去旅游。山水之间,欣赏的是美景,增进的是亲情。阔别母校三十五载,他十分感恩母校的栽培,也密切关注着母校的建设和发展。忆往昔,规格严格,自有风雨话沧桑;看今朝,功夫到家,更续辉煌誉五洲。值此百年校庆之际,卢济新衷心祝愿母校积历史之厚蕴,宏图更展,再谱华章!

哈工大人在南洋

汪英光
哈工大 80 级校友

汪英光，1980—1984 年在哈尔滨工业大学计算机系统工程专业学习；1985—1986 年攻读英国华威大学工商管理硕士（The University of Warrick，MBA）；曾先后任职于新加坡标准及工业研究院（SISIR）、AT&T 和朗讯科技；数次成功创业，现任香港顶峰实业（亚太）有限公司董事长。

弄潮归来仍少年

汪英光，14岁上哈工大，19岁留学英国，24岁移民新加坡，31岁闯荡美国……从1984年起，35年来汪英光投身全球化大潮中，不断追逐新事物、追求新科技、投身新世界：为新加坡引进第一个电磁兼容性（EMC）测试实验室，最早推广高科技药物缓释剂到中国，为中国科技产品开拓美国市场；数次创业，从软件、药物缓释剂、到数控加工，再到物联网（Internet of Things，IoT）产品的开发和生产。一浪比一浪壮丽的全球化时代大潮，总能激起汪英光弄潮逐浪的豪情，尤胜少年时。

一路走来一路歌

1980年，汪英光成为哈尔滨工业大学计算机系统工程专业的大学生，但14岁的他还只是个天真无邪的翩翩少年。离开父母的照顾独自来到哈尔滨求学，无论生活上还是心理上对他来说都是一个全新的挑战。开始有些害羞、有些胆怯，瘦小的他第一天进宿舍面对高大的双层床及分给他的上铺，有些不知所措，分在下铺的同学看出了他的犹豫，主动与他对换。当年，那些比自己大四五岁的同学、舍友都把他当弟弟照顾。点点滴滴难以忘怀，至今想来依然感到温暖。

在哈工大的日子，最令汪英光难忘的除了同学情、兄弟谊，还有闪烁着美好回忆的哈尔滨之夏。由于始于1985年1月5日的哈尔滨冰雪节，很多人对哈尔滨的印象是美丽的冰城。其实，比冰雪节更早的是始于1961年的蜚声海内外的"哈尔滨之夏"音乐会。哈尔滨因此在国际上被称为"音乐之都"。在1980年，即刚恢复"哈尔滨之夏"音乐会的第二年，中央电视台特意在哈尔滨拍摄了一部电视艺术纪录片《哈尔滨的夏天》。正是那一年夏天，徜徉在音乐海洋中的汪英光开始养成了欣赏民歌和古典音乐的爱好。

汪英光在旅途中

迷人的哈尔滨的夏天除了音乐和啤酒，还有松花江和太阳岛。当汪英光回忆起哈尔滨的夏天时，耳边仿佛响起当年的《哈尔滨的夏天》主题曲"松花江水波连波，浪花里飞出欢乐的歌……"和抒情歌曲《太阳岛上》"明媚的夏日里天空多么晴朗，美丽的太阳岛多么令人神往……"。那些在哈工大时的夏天，真是唱不尽心中的歌。他最美好的记忆是和同学们在松花江划船过江，从防洪纪念塔下到太阳岛上。"到中流击水，浪遏飞舟。"当划船到江中时，风大浪大，年轻人们面对波浪起伏的挑战更加斗志昂扬，在欢笑和呐喊声中齐心协力地划到对岸。这不仅培养和增进了同学情谊，也激起汪英光征服人生、乘风破浪的豪情和壮志。

大学毕业时，同龄人才高中毕业或刚考上大学。此时，全球化的大潮刚刚开始，汪英光选择到大潮中流去击水。19岁的他远赴英伦攻读工商管理硕士（MBA），这比中国开始开办MBA课程要早六年。MBA毕业后，他接着到伦敦商学院读博士，第一学期后的假期决定独自去莫斯科旅游。开开心心地游玩结束后，由于英国给的是单次准入签证，他回不去英国了。在夜色多么好的莫斯科郊外的晚上，真正体会到莫斯科不相信眼泪。挥挥手，作别莫斯科，先回中国吧。在北京办完英国签证，离开学还有点时间，他决定去正如火如荼地发展开来的深圳经济特区看看。"爬上飞快的火车，像骑上奔驰的骏马。"一路狂奔，但没有边防证，深圳特区不可以自由进入；既然来了，那就顺其自然好好游广东、玩广州……这一路，他收获满满，把那些许的失望远远抛到脑后。这一段段经历和那些人生点滴慢慢塑造了汪英光对生活和未来永远充满激情、勇于尝试和探索、乐观地面对挫折、欣赏和享受整个过程的性格。

跟着感觉走，让它带着我，希望就在不远处等着我。跋山涉水、穿洋越海，在滚滚红尘中不断成长；有失败，更有成功；有泪水，更有汗水和笑容；抖掉风霜，汪英光依然拥有一颗充满好奇、勇敢、乐观、自信的少年心。

弄潮冲浪乐无穷

很多人都说：人生如棋，局局新。这对人生的形容的确很恰当；但对于时代的弄潮儿来说，冲浪是更贴切的比喻。冲浪时，你永远不知道接下来会面对什么样的浪。面对巨浪，弄潮儿会迎浪而去，享受冲浪，不仅被姿态万千、变化多端的海浪吸引，而且搏击海浪会激起征服挑战的雄心和豪情。人生要不断去挑战困难，正如冲浪，我们唯有勇敢迎浪而上、主动出击，才有收获。

大学三年级下学期的实习令他终生难忘。汪英光和同学们从哈尔滨坐火车去大连，再从大连乘船去上海。他第一次看到大海，当巨轮慢慢离开码头驶向大海时，开阔的海面，怎一个"大"字了得？大海茫茫无边，海面时而风平浪静、时而波浪滔滔；时而静若处子、时而咆哮如狮。海阔云低的大海一下子吸引了他，他只是静静地站在那里，闭上眼睛，用自己的心去和大海交流，去感受大海的博大胸怀。从此，他立志要到广阔天地去追求有变化、有丰富挑战的人生！

像冲浪的人不断寻找美丽的海湾和变化的海浪一样，弄潮儿也不停地在时代的潮流中追逐新事物和新方向。三十多年前，插卡电话机刚开始在发达国家出现，这引起了他的兴趣。再回到英国时，刚二十出头的

汪英光在小憩

汪英光得到一个推销最新电话机的国际销售经理机会；于是，他决定放弃继续攻读伦敦商学院的博士学位。幅员辽阔的苏联成为他的市场，再续莫斯科前缘，这一次没有泪水，但流下了很多辛劳的汗水。通过不懈努力，他们终于打开了当年封闭的苏联市场，成功地在苏联推销和推广了最早的插卡电话机。其中，最令他记忆犹新的是为英国通用电气公司（GEC）总裁准备演讲资料，这是给当年的苏联邮政部长做推介会。当时没有互联网、没有PPT，一切要点点滴滴从无到有地制作幻灯片完成。这让他深深体会到哈工大"规格严格，功夫到家"熏陶和训练的精髓就是精益求精、追求卓越。

1990年新加坡的经济刚刚起步，像正高速滑行即将起飞的飞机，但还是发展中国家。那时任新加坡标准及工业研究院总裁的廖文良先生（现任新加坡樟宜机场集团主席）亲自到伦敦招贤纳士，网罗优秀人才。在英国学习、生活和工作了五年多的汪英光，已经稳定地融入了英国，事业一帆风顺。新加坡对他来说还很陌生和遥远，虽然第一次听到新加坡、第一次见到新加坡官员，但是这个"新"字激起了他的兴趣，这新兴国家一定有大展拳脚的机会。就像被滚滚不息海浪吸引的冲浪人，他决定到新加坡闯一闯。当时求变求新正是新加坡的追求，也正是汪英光的理念。他和团队当年为新加坡引进了第一个电磁兼容性（EMC）测试实验室，该实验室现在仍然在为新加坡做贡献。

平静的港湾从来不是冲浪人向往的地方，单调的类公务员工作和富足的生活也无法成为弄潮儿的归属。三年后，汪英光决定离开安逸的新加坡标准及工业研究院，和两个朋友一起创业。随着初次成功创业，在此后二十五年的全球化浪潮中，见多识广、成熟笃定的他从新加坡到美国，再回中国马不停蹄地穿梭；从创业到打工、再创业，一直没有等待和休息。在新加坡，成立软件公司；在中国，推广高科技药物缓释剂；在美国，为中国科技产品开拓市场，从数控工业产品到废水处理过滤膜……

科技发展的大潮滚滚向前，从未停息。计算机从机械，到电动、晶体管、电子管、集成电路，再到微处理器和个人电脑时代。个人计算机联机上网从局域网到万维互联网；个人通信从大哥大到智能手机。随着智能手机的普及，万物将通过无线相连，并走向智能互联；这就是继计算机、互联网之后世界信息科技发展的第三次浪潮：物联网（Internet of Things，IoT）。5G 的到来对物联网的大潮起到推波助澜的作用，世界会变得越来越精彩。

2017 年，汪英光再次创业，与朋友在香港成立顶峰实业（亚太）有限公司。顶峰实业是拥有机械、电子和装配三大产业群的高新技术产品开发和制造的集成商。不惧挑战，不断创业，不停创新，他迎向大潮再出发，不负此生。

浪花朵朵寄语母校

参与了 35 年全球化的历程，走遍世界各地的汪英光深深感恩母校。愿母校永远屹立于世界教育和科技之林，为人类命运共同体的发展培养更多的优秀人才。哈工大人一起以哈工大校训"规格严格，功夫到家"为起点，把每一件事和每一份工作都用心当成自己的事业来做，做到最好，精益求精、追求卓越；坚持原则的同时，也能换位思考、随机应变，着眼长远利益。

新时代的哈工大人，更要敢于探索、勤于尝试、勇于创新，以开放的胸怀走向世界，做世界的哈工大人。

哈工大人 在南洋

贝 旭
哈工大86级校友

  贝旭，生于1969年4月，于1986年9月—1990年7月就读于哈尔滨工业大学机械工程系机械设计及制造专业，工学学士；自1990年开始，先后于汕头海洋集团公司、广东大视野家纺有限公司、广东潮宏基实业股份有限公司等企业管理层任职；2010年9月—2016年12月进入广东金发拉比妇婴童用品股份有限公司，担任董事、副总经理及董事会秘书职务，负责IPO项目及对外投资管理事宜；于2018年9月至今定居新加坡，投资并任职于新加坡ARTS HAUS（国际）教育中心有限公司，作为企业运营人员参与获得了新加坡政府颁发的特许经营许可证的Arts Kidz课程体系的研发管理，在幼儿用品研发生产领域及学龄前高端教育领域取得卓越成就。

信念·希望·爱

一、万水千山

莫说青山多障碍，风也急风也劲，白云过山峰也可传情。须臾间，三千公里，三十年。三千公里，是广东与黑龙江的距离；三十年间，贝旭则不断作别学生时代的自己，开启一生的境遇。贝旭爱海，也爱海湾、海岸和海岛；贝旭如水，以其生生不息，方至至远之地。而这至远之地，是广东省汕头市。贝旭1986年9月—1990年7月就读于哈尔滨工业大学机械工程系机械设计及制造专业。回溯1990年，俄罗斯发布主权宣言，东西德合并，中华人民共和国与新加坡建交，上海证券交易所宣告成立。也同样是1990年，贝旭在祖父的魂牵梦萦和寄望引领下，远赴汕头市。

彼时东北地区处在深刻的社会变革期，当时变革只如罅隙中的微光。而今回首，方才知晓，那是新旧时代的岔路口。而贝旭，则是这岔路口中南下的一员。

东北地区作为工业为本的重镇，哈尔滨工业大学是东北的精神引领，也是城市地标。工业重镇背后，是深刻的单位制社会组织建制方式和社会底层逻辑。

贝旭（第三排右三）哈尔滨工业大学毕业照（1990年）

这逻辑中既有基于农耕社会丰茂土地而延绵的骄傲，也有机器大生产时代的工业底色。而与东北形成鲜明对比的潮汕，则仿佛另一个世界。除却与东北相距3 000公里的距离，还有与官话全然不相关的潮汕话，处处都显示着何为真的异乡。潮汕自古并不富庶，但是潮汕商人却是中国商旅中急劲的一支，并在中国港澳台及东南亚枝繁叶茂。华人首富李嘉诚、腾讯掌舵人马化腾，皆是潮汕商人的当代典范。

中国几支经商典范，各有春秋。如谋远虑而不重近利的典范徽商，胡雪岩之格局，近世慨叹；如晋商重家，乔致庸怀大爱、致天下；而今以马云、郭广昌为代表，如冰雪中孕育微光、绝望中谋求希望的浙商，骨子里是与命相搏的孤勇；粤商则重信，潮汕商人重宗族，各写一支。江浙湖广商旅远近闻名，但背后闪耀的却都是海洋文明的光芒。孤身南下，带着祖父辈的寄望，也带着前路未卜的慌张。

毕业初，贝旭作为汕头特区特殊引进人才被分配到汕头海洋（集团）公司工作。当年，汕头引进的本科人才不足 100 人。贝旭作为其中一员，个中情味，也只自己知晓。若飞越重洋只须一夜，那一万公里未必抵得过三千。离离细雨，茫茫星光。投奔于遥遥他方，愿遗忘某寄望。当年交通不便，南下汕头仿佛都数得清翻过的一重重山。与故地越来越远，也就离成长越来越近。奔赴汕头半年后，贝旭写信对父母说明当时境遇，而父母回信说，"自己的路自己走，自己的选择自己承担"。仿佛瞬间见天光，前路疏忽明朗。此后，贝旭学潮汕话，努力融入潮汕。潮汕地区远离中原主流文化区，宗族文化、妈祖崇拜交融，全然另一番光景。苦心人，终不负。贝旭年轻、有冲劲、学历高，备受公司高层赏识，在汕头海洋（集团）公司先后担任设备技术员、厂长办主任、集团团委书记，并被评为 1994 年汕头市优秀青年标兵。贝旭的汕头时光开始得辛苦，但一生何该有坦途。

人与环境相塑造。欣于所遇，随遇而安。初出社会，新的人生阶段，新的风土人情。南中国仿佛新世界，从微光中慢慢看透人间万象。

月娘月光光，秀才郎，骑白马，过阴塘。哪管大雪冰封，山花终将绽放。

二、掘金时代

贝旭于 2000 年离开海洋集团，进入广东大视野家纺有限公司工作，从总经理助理升至副总经理一职。基于对自身职业前景和愿景的判断，贝旭于 2007 年进入广东潮宏基实业股份有限公司担任公司人力资源总监，并于 2010 年再次跳槽，就职于金发拉比妇婴童用品股份有限公司，担任董事、副总经理及董事会秘书职务，负责 IPO 项目及对外投资管理。追溯当时的决策，贝旭认为在此前的工作中长期接触潮汕商人，其特有的气魄、眼光和胆识令人称道，宜于开疆辟土。

但企业与产业一样具有生命周期。企业生命中的起步阶段、成长壮大阶段和成熟阶段，皆自有其游戏规则。企业步入正轨后是稳健经营期，这个阶段则以功守道论短长，是守业期，也是企业的深耕经营阶段。经营企业需要匠人精神，是精耕细作的领域。贝旭步步走来，长于进行自我分析。唯有透彻分析自我、认识自己，方才能在职业生涯中步步稳赢、招招制胜。贝旭注重积累细节、有强烈的进取心、有上市公司的工作经历，这些皆是作为职业经理人的必备素质，也是维系企业成长的舵手技能。"改变自己，适应环境，这是生活，也是修行。"职业生涯一时成功若是境遇，一生成功则是境界。

贝旭金发拉比时期最为浓墨重彩的一笔是企业 IPO 成功。孕婴童用品作为纺织及制造业细分中的分支，金发拉比可谓拉开了资本市场涉足孕婴童行业的序幕。2010 年初由国家人口计生委下发的《国家人口发展"十二五"规划思路（征求意见稿）》虽然只是当年度政策中的一支，但日后回溯，则是高端婴孕童产业进入黄金发展时期的信号。多方角力的六年，也是金发拉比高速发展和筹备上市的六年。2015 年 10 月中国共产党第十八届中央委员会第五次全体会议审议通过《中共中央关于制定国民经济和社会发展第十三个五年规划的建议》，全面结束了中国城镇推行了35年的独生子女计划生育政策,全面放开二孩政策与贝旭职业生涯的黄金期完美重合。贝旭再一次对赌成功,正如生平第一个独立决定——奔赴广东。

2015年,中华人民共和国成立66周年、屠呦呦获得诺贝尔奖、北京携手张家口获得2022年冬奥会主办权、"长征六号"运载火箭发射首飞成功。这一年,也是实业开始与资本共舞,券商、风投全面深度嵌入实体经济的时刻。

随着2014年"沪港通"正式启动,年末券商股集体保障拉开2008年以来的新一轮牛市。资本市场迫切寻找重点行业和新兴领域,以期发挥资本力量、扶持产业成长、推动互利共赢。作为"二胎概念股"的金发拉比IPO可谓占尽天时地利。资本市场的老牌巨擘广发证券作为金发拉比的保荐人和主承销商,在其IPO中保驾护航,成功助力金发拉比于2015年6月在深交所中小板挂牌,并以余额包销方式进行承销。贝旭作为负责金发拉比上市的管理层之一,一轮轮投行进现场,一次次尽职调查,贝旭沉着应对,成为投行和企业之间的桥梁。

同年7月,证监会执行国务院命令暂停IPO,当年11月方才重启。而金发拉比则完美避开政策空头,成

金发拉比 IPO 路演

功上市。

截至2016年企业尝试重大资产重组，即便在诸多利空之下，其停牌后复牌依旧有主力连拉多个涨停板，涨势强劲。资

金发拉比登陆深交所中小板

本市场领先一步即是百步。此后，2017年高端婴幼儿品牌安奈儿由中信证券担任保荐人及主承销商登陆深交所中小板，但当时已然是资本市场的下半程，强弩之末。慢牛行情温吞，资本市场对品牌的加持力度有限，诸多利好消息依旧无法转化为资本市场的实质资金注入。一步之遥，成败已定。

时势造英雄，也是英雄与时势相互塑造。截至2019年上半年，在二孩概念的强力牵引下，在金发拉比的强势带领下，爱婴室、戴维医疗、邦宝益智等二孩概念股也迎来一波行情。但是，大环境风云不定，自2018年上半年中国证监会全面放缓企业IPO进程，虽然诸多同类企业纷纷尝试登陆港股，但东风一瞬，胜负一分。资本红利时代，贝旭是领头者，也终将是最后的赢家。从农业时代到工业时代、从实业时代到资本时代、从外在到内里，教育、文化、未来，三者从来合一。在投身孕婴童产业期间，贝旭嗅到文化产业的发展机遇。

贝旭同时担任妻子入股的维能创意顾问（深圳）有限公司的董事。而这一步，无疑又与2019年8月中央支持深圳建设中国特色社会主义先行示范区的政策相契合。立足深圳经济基础，打造全系文化创意科技教育产业。

人之复杂，往往在于交融极致的品质。极冷静也极热忱，极理智也极浪漫。孕婴童的下半场，便是续接的教育行业。教育，既是举棋落子深思忖，也是燃情兴起一念

贝旭与妻子合照

间。贝旭的每一步皆踏准时代脚步，领先时代发展。从工业单位制主导的东北地区决心潜力赴广东，到实业发展中谋求企业精深管理，再到资本市场时代的东风借力，贝旭从不自我设限，始终从舒适区突围，与时代相塑造。

三、博雅时代

所谓教育，便是把我的旗帜传到你手上，从此代代自难忘。贝旭与教育结缘，始于2008年。与1990年毕业时隔18年，贝旭再次步入大学校园。只是这次，身份变为"教授学分课程，却不领取工资的编外教师"。作为职业经理人，引领学生群体最大限度洞悉职业生涯的精髓，担任汕头大学学生的职业导师，于汕头大学讲授"大学积累与职场修炼"课程。职场是阅历，是经验，也看心境。与学生探讨教育旨归、职场意义、求

职要旨和创业途径时,贝旭融入学生群体,讲座场场爆满,学生侧耳倾听。

恰同学少年,台上人回首来时路,台下人仿佛看到自己日后的路程。十八年时光倏忽流过。回首向来萧瑟处,归去,也无风雨也无晴。

关爱下一代,如此方才为继往开来,这也是贝旭一以贯之的价值观。无论是金发拉比时期致力于孕婴童产业,还是作为汕头大学的导师指导学生成长成才,贝旭冥冥中始终在教育上具有高度热情,并在移居新加坡后将此作为终身事业,兢兢业业。

贝旭在新加坡开展幼儿教育

中产群体是教育的中坚群体,中产人群优良的教育背景和学习习惯、重视教育的作风和精英精神,无不为其重视教育埋下伏笔。而新加坡以教育立国。教育既是产业,也是传统。近年来教育领域同样风云巨变,新贵崛起、资本加持。2018年,由摩根士丹利、花旗银行、中金公司作为联席保荐人的"新东方在线"登陆H股,市值近百亿;以K12及英语交流技能起家的沪江网拟登陆H股,欲撑起180亿市值。教育行业作为产业发展的保留地,资本市场的肯定印证了贝旭对于第三个职业元年的判断。这一年,也是贝旭移居新加坡的年份。贝旭认为:"教育要从娃娃抓起,学前幼儿教育是基础教育的早期关键,新加坡是目前世界上接受幼儿园低龄留学为数不多的国家,基于新加坡是世界金融中心和全球公司亚太总部的区位优势,大批国际精英人士来到新加坡工作生活,他们的子女在新加坡接受幼儿教育,进一步促进新加坡幼儿教育的国际化，形成了新加坡独有的'东西合璧、华洋交融'的教育文化特色。随着中国和东盟地区等新兴经济体的崛起和发展，新加坡成了这些国家和地区的新兴中产阶级家庭首选的出国留学之地。可以借鉴五星级酒店品牌集团的经营管理方式，将新加坡的基础教育理念和体系形成教育品牌管理系统，在中国和东南亚地区推广。"

贝旭在新加坡投资的幼儿教育公司

教育体系庞杂，细分深入。大众教育与高端教育、学科教育与博雅教育、全民教育与精英教育，虽是一脉，但差别万千。

立足高端教育行业，秉持前瞻视角。贝旭尝试将幼儿教育和培训作为主营业务，与新加坡资深幼教专家合伙，在高端教育行业携手迈进。其采用全新的教学模式，聘请具有幼儿教育学士学位和儿童保育专科证书的澳大利亚人作为幼教机构的管理层，并聘请了美国的心理学家和教育学家作为幼教机构的资深顾问。贝旭的合伙人在新加坡有超过30年的幼儿教育经验，其尝试设计研发以"艺术创意"为特色课程板块，并在多年教育实践中形成了具有自主知识产权的课程体系——Arts Kidz。

作为以博雅教育为教育形式，深度推进高端教育向兼容、纵深方向发展的自主研究成果，Arts Kidz 的宗旨是"为了做好未来准备，我们的年轻人需要能够批判性地思考，评估选择并做出正确的决定。他们应该有学习、探索和准备开箱即用的愿望"。其尝试融合新加坡教育部培养早期学习者课程框架、K1-K2、项目教学方法、国际小学课程等，并在主线教育环节之外增设华文、戏剧、小提琴、钢琴、瑜伽、音乐、情绪智力游戏及视觉艺术教育内容，将新加坡的精英教育和博雅教育真正融合，以踏实、恬淡、体系、精深的初级教育开展方式让参与课程的幼儿及家庭真正赢在起跑线，以全面丰富的横向课程内容和纵向的情操教育相融合，在幼儿时期奠定绅士淑女的风格，不啻为家庭和儿童的终生财富。

Arts Kidz 现已获得新加坡政府颁发的特许经营许可证，显示了新加坡政府对该套幼儿创新课程系列的大力认可，也说明了精英非学科教育的多种发展可能。

儿童教育之精深，非成人教育所能匹敌。Arts Kidz 系列课程中引进霍华德·加德纳的多元智能教学内容、情绪恢复力教学内容和大脑研究内容，极早尝试将幼儿教学的经典理论和前沿理论用于一线的教学行动中。正如认知心理学家皮亚杰所言——儿童认知发展的本质就是适应，而不断以环境强化儿童好的思维发展，则是全面提升儿童认知水平的途径。Arts Kidz 的沉浸式教育在新加坡及世界同业中均处于领先地位。让儿童在艺术中沉浸，与环境相互塑造，消解国界和风俗对新移居的掣肘，让儿童以沉浸式教育方式融入新加坡的精英社会，是 Arts Kidz 系列课程教育研发及推广的旨归。

十年树木，百年树人。教育为百年计，如今播下种子，十年自会开花。

回首三十年职业生涯,从南下的哈工大英才,到一路辅助企业登陆 A 股的职业经理人,再到南下投身教育事业,贝旭始终走在时代前沿,回溯从前,照亮前方。

个人命运与时代命运、国家命运永远重叠。唯有生生不息,薪火相传,信念不绝,希望永在,方能继往开来。爱是信赖、是寄托。即便远隔重洋,仍能乘风而来。莫说水中多变幻,水也清水也静,柔情似水爱共永。

贝旭外出度假

哈工大人在南洋

程长东
哈工大86级校友

程长东，现任新加坡能达自动化技术有限公司总裁，1990年本科毕业于哈尔滨工业大学电气工程系工业自动化专业，后于1995年获得哈尔滨工业大学电气工程系工业自动化专业硕士学位。1993年至1994年在哈工大读研期间，曾任哈工大学生科学技术协会主席，1999年获北京航空航天大学自动控制系博士学位。

2000年至2004年，程长东先后在新加坡国立大学电子与计算机工程系和新加坡南洋理工大学淡马锡实验室担任研究员。2005年至2006年，他在新加坡信息学集团与澳大利亚南昆士兰大学联合举办的多个课程中担任兼职讲师。课程覆盖了通信系统、计算机视觉和数字信号处理等领域。

山一程，水一程，东风到，业长青

由于专业技术方面的出色表现，程长东带领公司的技术团队分别于 2001 年获新加坡工程师学会（IES）颁发的"新加坡工程师学会杰出工程成就奖"，及 2014 年新加坡海事局 (MPA) 与新加坡海事学院 (Singapore Maritime Institute) 联合颁发的"新一代货柜码头挑战赛嘉许奖"。学术方面，他累计发表国际期刊和会议论文共计 28 篇，与他人合作出版专业书籍 1 部，以及参与撰写书籍 3 部。自 2016 年 10 月起成为新加坡工程师学会（IES）高级会员。

"世界上只有一种真正的英雄主义，就是认清了生活真相之后，依然热爱生活。"如果眼前的独木桥没有你的容身之处，不妨尝试另辟蹊径，思考其他的可能。或许，绕过上帝关上的那扇门，就会看到上帝为你留的那扇窗。

浔阳一梦赴冰城

程长东的家乡远在江西省九江市，千岩竞秀，九水通衢，历史上就有不少文人雅士从这里走出。在深厚文化底蕴的感染下，程长东从小就十分好学。由于当时信息和眼界的限制，程长东一开始并没有上大学这样的愿望。他只是非常羡慕那些通过自己所学的专业技术知识去大城市打拼的长辈，有一张专科的文凭，就可以拿到当时的"铁饭碗"。随着年龄的增长，他意识到这是社会越来越尊重人才的表现，有技术有知识的人会有更多的机会走出去实现自己的梦想。体会到了"知识改变命运"这句话的真谛，程长东暗下决心：一定要好好准备，入围今年的高考预备班。经历了一轮一轮的考核，程长东成功参与了当年的全国统考。1986年7月，他收到了来自哈尔滨工业大学电气工程系自动化专业的录取通知书。在哈工大，中学时期起就对自动化运行充满憧憬的程长东圆了一直以来的梦想。也正是凭借这份热爱，直至今日，他一直身处他所热爱的自动化领域。"我非常热爱这个行业，并从工作中获得了无尽的乐趣。"他也一直铭记，这份兴趣是在哈工大的温床上发芽成长，本科阶段所培养的扎实基础也为后续的工作提供了充分的知识储备。

回想起那些年在母校的日子，程长东直言自己是碰上了好时候。得益于

哈尔滨工业大学电气工程系92级硕士研究生毕业合影

20世纪50年代培养的一大批骨干教员，以及那些在恢复高考后及时献身母校教育事业的"八百壮士"，哈尔滨工业大学的人才培养队伍在自己本科学习时期已经十分壮大。再加上国家和省政府的拨款支持，哈尔滨工业大学的教学设备与实验系统非常完备，为同学们提供了良好的平台。像程长东这样20世纪80年代后期开始在哈工大就读的学生们，不仅在学习上获得了一大批负责任的中青年教员的悉心教导，在科研上也有不小的进步。不仅如此，在学生社团方面，学校也非常支持，让同学们在社团的历练中不断收获人生经验。得益于这样优秀的教学环境，程长东一直把母校哈尔滨工业大学放在心里。"在母校学习的这六年半，完成了本科与研究生学习任务，也是一生印象最为深刻的时间段。我对母校非常热爱，自己一生最为宝贵的时期是在大学本科。"马克思曾说过：人创造了环境，同样环境也在创造人。哈工大"规格严格，功夫到家"的校训，在一届又一届的新生中潜移默化，让大家养成了踏实上进的思维方式，形成了优良的学习风气，得以为自己未来的发展积蓄力量。

在哈尔滨工业大学学习期间，程长东先后担任校大学生气功协会常务副会长与会长、校学生科技中心副主任，以及校学生科协常务副主席、主席等职务。哈尔滨工业大学对校学生科技协会这类社团活动一直持支持态度，学校投入资金鼓励社团成员提出自己的科技设想，并给学生机会以设计实践。这样的培养模式不仅提升了社团成员的兴趣与信心，也让他们借助科协的平台不断创新，勇于接受挑战，在实践中磨砺自己的个性，更好地面对社会，面对未来的人生。

"因为在社团中担任职务，我有机会与校学生总会、研究生总会、校团委以及校领导等接触。这段非常珍贵的经历，为我后来的创业发展提供了巨大的帮助。特别在如何组织团队、如何激发工作热情、如何评估工作

绩效等方面,受益匪浅。"程长东坦言,学生时期社团岗位的历练让自己有了基础的管理概念,也及早了解到领导者的思维模式。程长东对母校一直心怀感恩,然而总是没有时间回去看看。

哈尔滨工业大学1995年校学生科协留念及学生科协第一届委员会合影

2020年这一年不仅是哈工大的百年校庆,也恰逢本科毕业30周年纪念,程长东打定主意,要回母校参与这场难得的盛事。

柳暗花明又一村

毛泽东曾说过:前途是光明的,道路是曲折的。既然选择了远方,便只顾风雨兼程,哪怕前方还有崎岖艰险的山路。1999年,程长东从北京航空航天大学获得博士学位。毕业后，考虑到当时国内外实验室条件的显著差距以及自己的经济来源，程长东申请了新加坡国立大学博士后研究员的职位。按照当时的人生规划，他希望在研究员的岗位上锻炼几年，争取留在新加坡。为了教职而奋斗的岁月充斥着激情，却也充满了艰辛。新加坡国立大学的教职岗位竞争激烈，自己最终没能走到最后。

程长东也曾通过了新加坡理工学院艰难的前期考核程序，却在最后一次面试功败垂成。这样接连的失败曾令他郁郁寡欢，在那之后持续了两个月的求职历程也没有很好的收获。为了维持生计，他选择了一家小规模的德国公司。这份工作不仅薪水比之前研究员职位的薪水低，还需要他频繁出差、实地测试等。屋漏偏逢连夜雨，两年后，这家公司由于管理不善而濒临倒闭。程长东又一次失业，上一段茫然的经历给程长东敲响了警钟，他痛定思痛，决定自己创业。立足于前一家公司的已有客户，他开出优越的条件吸引优质人才，把公司定位为开发高技术与全方位产品的精致型企业，业务面向全球客户，努力打造并提升公司品牌价值。经过十二年的艰苦创业，他一手建立起了一支年轻、有能力、在行业内具有前瞻开拓性的人才队伍，打造出一个以科技创新为核心的好团队。目前新加坡能达自动化技术有限公司的客户覆盖了二十个国家，公司超过百分之七十的业务在海外生根，公司也承担了许多重大科技项目。其中，为新加坡国家体育馆设计的可移动屋顶自动控制系统具有标志性意义。

在新加坡找工作期间遇到挫折的经历，反而促使程长东开始反思，希望找到高学历人才与岗位需求之间的关联，找到个人的创业机会，以及如何发挥自己的优势。中国人传统的思想在于：书中自有黄金屋，书中自有千钟粟。似乎读书越多，就越能理所当然地赚大钱。可现状恰恰相反，博士的高学历身份带来了专业知识面狭窄的困境，再加上社会招聘中眼高手低的心态，都直接导致了职位选择上的困窘。

采访过程中，程长东校友毫不吝惜地分享他这些年来创业历程中的心得体会："高学历的人典型的想法是找一个大公司、大学或研究所去做学问。这样的做法在新加坡不一定行得通。首先，新加坡鲜少有永久的职位；其次，工作内容与职位是否与时俱进。就我的个人经历而言，我们这些出国留学或工作的校友还有一种需要改变的心态，即面对挫折过于患得患失。害怕薪水被降低，害怕社会地位被降低，害怕创业失败，害怕踏出学校与研究所，害怕再也找不到像高校与研究所这样拥有优厚的薪水与福利的职位。这一切都是被动的，包括我自己，我的创业也是被逼出来的。但是，当我真正走出这样的心理怪圈，才发现这一切都可以泰然处之。自来处来，到去处去。我鼓励我们的校友去当教授、当科学家，也鼓励更多校友利用高深的学术、渊博的知识去创造财富，服务社会。社会不会亏待有才干的人，走出舒适圈，也能找到自己的用武之地，同时可以更快捷地将自己所拥有的知识应用到社会生产中去。我必须强调，校友们一定要在时机成熟的条件下去创业，千万别

程长东在新加坡自动化领域工作的成就（部分）

盲目去创业。因为大多数人创业时没有经验，总是对自己的想法盲目自信。一个典型的错误模式是：我发明一项科学技术，找人定制，再联系市场销售产品。这是一个一厢情愿的过程，尤其在现在这种市场极度饱和的情况下，这种创业模式很大概率是以失败告终。更加切实可行的思路是：我们先找到市场或者客户的需求，根据需求制订开发方案，选择好的硬件与开发定制化的软件，完成市场或顾客的要求。如果还有余力，再进一步创新。根据这种市场需求—产品—技术创新的路线前进，开发有市场的产品产业链，更能促成好的结果。"

扶摇直上九万里

尽管程长东强调自己创业是时局所迫、误打误撞，得益于新加坡政府高效率、亲商的环境，但是很显然这样的成功也离不开他自身扎实的工科基础。

《哈工大人在南洋》编写组采访程长东

"只要扎实学习各方面知识,在哪里都会有发挥作用的地方。"他感慨道。新加坡本地人少有工程技术的专业人才,而新加坡的发展正缺少这样的工程人才队伍,这就给拥有工程专业背景的中国人提供了极好的发展机会,留下了立足之地。做别人无法做到的事情,提供比旁人更低价的优质服务,这就是勤奋努力的中国人,在这里获得成功的重要因素。

创业的道路虽然听起来风光,但是真正的过程有着难以言喻的困难与艰辛。新加坡创业成本高,全球化的局面导致本土公司要与世界各国的各大公司同台竞争。因此,分散投资风险与降低项目执行成本是关键。为此,程长东把不同阶段的项目团队分布在不同国家。在公司管理的过程中,程长东也深刻认识到:人才是公司的最有价值的资产。公司的发展需要一支以科技创新为核心的优质队伍,研发出高技术产品,为全球客户提供优质的服务,把自己的品牌做大做强。在程长东的设想里,能达自动化技术有限公司应该是一家小而精的专业公司,在自己的领域内做到难以替代。

目前,能达的客户覆盖了二十个国家,公司有超过百分之七十的海外业务。全球有三十九个海港使用能达自动化技术有限公司开发的各项系统。除了既定的海港系统的业务外,能达也积极参与众多重大科技项目,公司为新加坡国家体育馆设计的可移动屋顶控制系统就是个具有标志性意义的例子。新加

程长东(中)在新加坡国家体育馆可移动屋顶控制系统调试现场

坡国家体育馆是世界上最大的圆形屋顶体育馆，也是最大的拥有可移动屋顶的体育馆。能达公司负责设计与开发的可移动屋顶控制系统是一个非常复杂的控制方案，整个控制系统使用了 32 台马达、32 台变频器、超过 1 000 个各类传感器，设计安全级别是 SIL-3，运行时采用 100% 冗余设计，软件实现中有 17 组 PID 控制器。该系统在 2014 年 7 月起开始使用。这个控制系统的设计实现了高精度、高安全与高可靠性，是具有里程碑意义的开发方案。

寸心但望报春晖

"在我们这个领域，中国产品已经占领了 80% 的市场。我们坚信，21 世纪一定是中国人的世纪。"中国的经济腾飞极大提升了海外华人的自信心，也吸引了大批华裔在国内开办公司。程长东十分看好祖国社会的高速发展以及人才的层出不穷，也有意在国内开办分公司，进一步发展壮大自己的事业版图。

"我总是忠告年轻校友，祖国发展非常快，未来一定是中国的世纪。在外国学成后应该尽快回国内发展，我们这代人已经赶不上这样的机会了。"程长东相信中国的未来一定是美好的，也希望在外的学子们能将所学的知识回馈给培养自己的祖国，共同为实现中国梦出一把力。

哈工大人在南洋

董玉振
哈工大86级校友

  董玉振，居南洋观中华，学问任驰骋。工学博士，当代杂家，南洋出版社社长。在新中国历史研究和金学研究出版领域获得较高的声誉，得到广泛认可和媒体报道。1986—1989年就读于哈尔滨工业大学机械系，为CAD/CAM硕士生，师从李国伟教授。1996年获清华大学博士学位后加入南洋理工大学做博士后。2002年创办南洋出版社。曾兼任新加坡国企裕廊顾问副总裁、盛裕集团高级资深合伙人和高级首席规划师，是城市规划和产业咨询专家。主要著作：新中国历史研究专著《巨人的背影》、企业管理学专著《如何分析直销公司》，注释古老珠算典籍《曹县董家祖传·经

典珠算术集萃》。主编并写序的双版本《金瓶梅》和介休本《金瓶梅词话》影印本受到第 14 届国际《金瓶梅》学术会议的表彰。曾在直销、财经、珠心算、金学相关核心专业学刊及《联合早报》言论版头条发表论文多篇。新传媒第 8 波道、马来西亚《南洋商报》等曾对董玉振的贡献做采访报道。新加坡《联合早报》2017 年 5 月 29 日以《理工科博士的人文坚持》一文对他的贡献做了综合性梳理。入选《新加坡华文作家传略》。曾受团中央邀请回国参加创业研讨活动。原中顾委副秘书长郝盛琦、原中央文献研究室副主任李捷约见董玉振，并对他在新中国历史研究方面的贡献给予高度肯定。郝盛琦甚至将《巨人的背影》一书上交中央，建议出版内部发行版。南洋出版社作为有国际影响力的金学资料出版机构，在推动中华文化传播方面的贡献得到同行的认可，参与多个"一带一路"合作出版项目。 对母校祝福：百年华诞，功业动天，情系社稷，再创辉煌！

陈国明　姜玉涛

哈工大人在南洋

哈工大 87 级校友

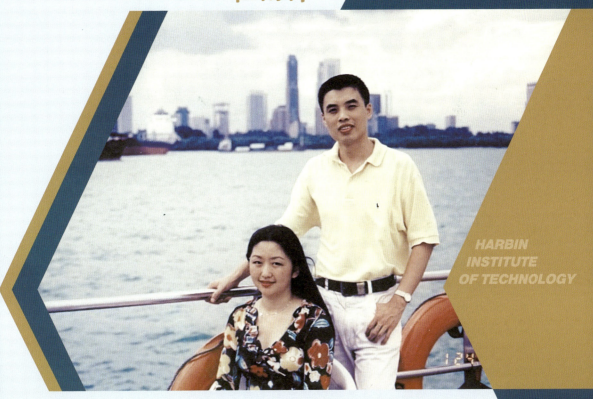

HARBIN INSTITUTE OF TECHNOLOGY

陈国明，黑龙江省哈尔滨人，现担任香格里拉集团助理副总裁。哈尔滨工业大学工民建专业 1987 级校友，南洋理工大学国际工程项目管理硕士 2003 级学员。陈国明拥有建筑 / 房地产行业 28 年以上的工作经验，对项目的时间、成本和变更等的管控非常熟悉。他曾在设计院、总承包、开发商各处就职，拥有丰富的项目设计及施工管理经验。

本科毕业后，陈国明加入黑龙江冶金设计院担任结构设计工程师一职。在职期间，除了结构设计，他还发挥了建筑设计的天分，成为设计院双料的年轻设计骨干。他的建筑设计作品"哈尔滨太阳岛公园长廊"，获得一致好评。1997 年，他追随妻子来到新加坡，在迈达国际私人有限公司担任建筑设计协调员；2000 年起，陈国明进入 Shimizu 新加坡国际分部，在此受益匪浅，参与了多个国际知名项目，包括新加坡樟宜机场

T3 航站楼，以及遍布迪拜、马来西亚、印度尼西亚等地的多项海外工程。2006 年底，陈国明同妻子前往迪拜，加入了中国建筑工程总公司中东分公司，担任高级计划工程师一职，任职期间参与项目包括合约总价为 4.5 亿新元的 Mirdif 别墅工程等。2009 年，陈国明返回新加坡，加入和合有限公司，参与了由丹尼尔·利贝斯金德工作室设计的合约 10 亿新元的吉宝湾映水苑住宅楼项目、滨海湾金融中心的 55 层超高层住宅楼项目等。此外，他还参与了知名的滨海湾花园投标阶段的各项工作，分别在金门有限公司、青建国际控股有限公司、嘉德置地亚洲有限公司和新加坡发展控股有限公司任职，项目涉及中国、新加坡和迪拜的各种住宅、工业和商业建筑建设。

姜玉涛，黑龙江省哈尔滨人，哈尔滨工业大学工民建专业 1987 级校友，南洋理工大学国际工程项目管理硕士 2002 级学员，IAPM 认证的国际项目经理，新加坡仲裁协会会员。

姜玉涛拥有二十余年的建筑行业经验。从商业案例研究、项目概念化、设计开发、采购承包、项目执行到移交和最终定稿，她的经验涵盖了工程项目的完整周期，尤其擅长应对各种复杂的工程案例的统筹计划、合约管理。无论是华语还是英语客户的合约纠纷和索赔，她都能做到游刃有余。她参与的项目从陆上到海上，从中国到新加坡、迪拜、欧美，以及中国台湾等地区。姜玉涛不仅在专业方面十分优秀，还在漫长的从业之路中不断补充商业和法律方面的知识。结合各方面的知识经验以及综合思考问题的处理方式，姜玉涛锻炼出了优异的项目风险管理和争议解决能力，解决了多数复杂纠纷，也给所在公司赢得极佳的商业收益。

姜玉涛于本科毕业后先就职于黑龙江省轻工建设管理有限公司，担任结构工程师，1996 年因缘际会来到新加坡环境部工作，先后就职于新加坡环境发展部，太平洋建设与发展有限公司，中国建筑（南洋）发展有限公司，全球最大的船级社、全球领先的风险管理、海事、油气、电力和可再生能源行业咨询服务商——DNVGL。从工程设计、估价到工程及合约管理负责人，后任高级咨询师、高级项目经理，直至区域的合同经理，总管东南亚及大洋洲区域各公司的项目合同及相关管理工作。

珠联璧合　同舟共济

山有山的沉稳，给人以敦厚；水有水的灵动，给人以聪慧，夫妻二人，一动一静，各自扬长避短。水在灵动之余，学着山的沉稳，洞察世间百态；山在沉稳之余，学着水的灵动，融入繁复社会。最好的相遇，在于青涩朴实；最快意的成长，莫抵你追我赶；最牢固的感情，大多势均力敌。

人生不止眼前，但人生只有过好眼前，才能逐梦未来。

孜孜不倦，跬步千里

姜玉涛出生在哈尔滨市区的知识分子家庭，从小就展露出聪慧好动的性格，中学期间参与了数理化以及电脑的市级、省级青少年竞赛。在80年代，物质、技术、师资水平都跟不上时代发展的需求，作为省重点的哈尔滨市铁路第一中学是当时哈尔滨市唯一的配备了计算机实验室的中学，老师们也是刚刚接触，只能提供有限的教学。姜玉涛不满足于此，好学的她自己搜罗所有的教学指导手册，不仅自己学，还上讲台给其他同学讲解，深受老师和同学们的喜爱。

高中时期的姜玉涛由于竞赛成绩优异，当时有机会直接保送至西安某大学，尽管不是广为人知的高校，但是能免于高考且进入自己喜欢的专业总是乐得轻松。可是父母舍不得年幼的女儿离家太远，她因此放弃了保送，参加高考并进入了哈尔滨建筑学院（2000年并入哈尔滨工业大学）的热门专业——工民建专业。

相比于妻子，陈国明的求学历程也不逊色。高中之前他的成绩算不上优秀，高中后成绩逐步提高，最终以优异的成绩获得哈工大工民建专业的录取通知书，并与姜玉涛成为同学。

大学时期的姜玉涛是系里的知名人物，是当时系里唯一的女班长。她积极参加文艺活动，曾获得国标舞校级布鲁斯第一名。因在大一时上台演唱了《采蘑菇的小姑娘》而被同学们记住，多年后还有校友亲切地称呼她"采蘑菇的小姑娘"。得益于地利之便，她也会邀请同学来家里做客。当年的大学生活没有电子产品大行其道，但是线下文体活动依然丰富多彩：打排球，玩扑克，周末一起参加舞会。同窗之情弥足珍贵，友谊的萌芽洒向四方。

与同学在哈尔滨防洪纪念塔合影（右一为姜玉涛）

书山有路勤为径，学海无涯苦作舟。虽然本科前期的学习生活多有懈怠，但姜玉涛在大学后半程奋起直追，最终在毕业设计时拿到优秀，为自己的大学生活画上了一个圆满的句号。进入职场后，她依然留恋曾经的学习时光，在学习路上总觉得有遗憾。为工作上再上一层楼，2002 年，她考取了新加坡南洋理工大学国际工程管理专业研究生，选择在异国的土地上继续深造，圆自己的一个梦。

念念不忘，必有回响

正是在大学的班级里，陈国明与妻子姜玉涛相识相知，在毕业后相恋并组建了自己的小家。

"年轻时，先生还是一个害羞的男孩，面对着自己喜欢的女孩，迟迟不敢表达爱。大学四年里，沉默的先生曾经帮助其他同学给女孩传纸条，自己却一直没勇气向喜欢的女孩表达爱慕之情。终于有一天，先生鼓起勇气了，还是托另外一个男同学来传递。"非当面的表白总显得缺乏诚意，对女生来说拒绝起来更容易些。至此，他们依然是两条平行线。

"无论是做人还是做事，先生是一个非常专一的人。大学毕业后，他始终忘不了那个令自己心动的女孩。别人介绍的女孩再好，也入不了他的法眼。毕业多年后，再次相逢，逐渐走向成熟的男生胆量也逐渐增长，主动出击，最终以真诚的心赢得了芳心，我们就这样走到了一起。"回忆这段往事时，当年那个骄傲的女孩，现在还有些小得意。

正如故事的发展有起有伏，结婚不到半年，正逢国内建筑业不景气，姜玉涛听说深圳正在蓬勃发展，便去哈尔滨道里区的劳动局看招聘信息，巧遇新加坡环境发展部来哈尔滨招聘，就这样迈出了国门。彼时，陈国明的几个建筑设计方案深受好评，单位也很看重这样的人才，并支持他深造读研。

千里迢迢，相聚南洋

1996年，姜玉涛来到新加坡。那时的中国处于发展初期，由于通信与宣传手段的欠缺，新加坡对中国的印象还停留在二十世纪二三十年代，不免对中国来的华人有歧视或给予不公平待遇。这样的环境更激起了姜玉涛的好强之心，她要用自己的努力赢得尊严，还有更大的尊重。

在第一年工作的日子里，姜玉涛自己边工作边快速学习和掌握了电脑操作。除了熟练使用电脑系统，她也详细了解了新加坡招投标相关的工作程序。做好准备后，她辞去政府的轻松工作（外国人只能做助理），去私人公司接受全新的挑战。

姜玉涛先后在新加坡当地建筑公司、中国建筑公司、国际领先的顾问咨询公司，以及多个国家工作、学习和锻炼自己。她持之以恒地学习，兢兢业业地工作，除了设计管理还累积了工程造价的相关知识。硕士毕业后，她仍然不断地在工作和学习中成长，掌握了更多的项目管理、合约管理、风险管理的技能，解决项目流程中出现的各项争议，为公司立下汗马功劳。这令人羡慕的经历背后，是数不清的挑灯夜战，即便如此，姜玉涛从未后悔过自己当年做出的继续深造的选择。

许多人曾哀叹：年与时驰，意与

姜玉涛在新加坡

哈尔滨太阳岛

新加坡樟宜机场 T3 航站楼

新加坡吉宝湾映水苑

日去，遂成枯落，多不接世。姜玉涛却是反其道而行，随着时光的流逝，她愈发敢拼敢闯，在职业生涯中，她凭借自己优秀的专业、双语能力和新加坡的工作经验，以及对各地区文化、办事流程的熟悉程度，不断向上攀登。

回首来新加坡的二十多年，陈国明的职业生涯相对顺利。尽管初来乍到之时因不适应国外的工作方式而倍感压力，但他凭借着优秀的学习能力，很快就胜任了自己的工作。陈国明坦言：Shimizu 是他人生的沃土，良师益友济济一堂。他在这里深耕 6 年，获得了严格的管理培训，接受了精益求精的思想指导。陈国明先后在多个大公司担任过各类重要职位，包括高级计划工程师、项目部副部长、工程总监、助理副总裁及董事等，曾参与了中国、新加坡、迪拜、印尼等多地的标志性建筑项目，美轮美奂的新加坡樟宜机场、滨海湾都是他引以为傲的建筑项目。目前，陈国明担任香格里拉集团的助理副总裁，

二人世界，三口之家

享受生活中的冬雪夏雨

一家人携手出游

带领团队从最好走向更好。一路走来,他总是默默做事,谦和待人,把工作、生活中面临的挑战看作是理所应当。当被要求回忆人生高光时刻,陈国明十分谦虚,他认为一切就像顺水行舟,没有太多值得夸耀的。

惺惺相惜,人生无悔

世上无难事,只怕有心人。姜玉涛相信自己的能力,相信自己和家人值得更好的生活。她喜欢改变、挑战和突破,总是设置新的目标,并坚持行动,不断向上发展。从哈尔滨到新加坡、从新加坡到全世界,从建筑业到陆上工程、从石油化工业到外海工程,姜玉涛总是能把自己从舒适区剥离出来,把目光投向远方，向新的世界谋求发展，向更高的平台发起挑战。

操千曲而后晓声，观千剑而后识器。多年的职场打拼使得夫妻二人对行业、对生活、对幸福有了深层次的认知。曾经她享受单独前往深海项目的作业船，在没有任何星火的升降笼中观沧海；曾经他享受绘制复杂困难的图纸，在一座座拔地而起的建筑里成就自我；但是现在他们享受一家子驱车环游世界，见证江南水乡的鱼戏莲叶和阿尔卑斯的皑皑白雪。

人生的幸福很简单，大概就是做自己喜欢的事情，走自己选择的路。千帆过尽，最终留下一片属于自己的独一无二的风景，无怨无悔就是最大的满足！

哈工大人在南洋

丛正霞
哈工大 87 级校友

丛正霞，哈尔滨建筑工程学院（2000 年并入哈尔滨工业大学）87 级校友，1991 年毕业于工业与民用建筑专业；1991 年至 1994 年在哈工大攻读结构工程硕士，师从唐岱新教授；1996 年 5 月赴新加坡工作生活至今。2003 年成为英国皇家结构工程师学会会员，2006 年攻读新加坡国立大学岩土工程专业硕士学位并于 2010 年注册为新加坡专业注册工程师（Professional Engineer, PE）。2016 年成为英国皇家结构工程师学会资深会员。现为成立于 1927 年的新加坡老字号建筑商、年营业额超过人民币 50 亿元的和合公司 (Woh Hup) 的高级经理和结构总负责人。

建造新加坡地标建筑的哈工大巾帼

哈尔滨的四月冰雪渐消、丁香未开，但新加坡的四月早已阳光明媚、花团锦簇。在这盛夏般的四月，历时近四年半建造的新加坡樟宜机场的门户——星耀樟宜机场（Jewel Changi Airport）在万众期待中正式开业。星耀樟宜是包括航空设施、购物、餐饮、室内花园和休闲景观的综合开发项目，它像一颗璀璨的宝石镶嵌在各航站楼之间；星耀樟宜以巧夺天工的建筑景观成为樟宜机场乃至新加坡的标志性建筑，将进一步提升樟宜机场作为国际最佳航空枢纽的魅力。这座梦幻般的建筑总面积为137 000平方米，耗资约85亿人民币。当我们惊叹这同一屋檐下的世界上最高的40米室内瀑布、热带雨林及奇幻滑梯时，更多的是自豪：因为这离不开我们哈工大人——丛正霞！

这些年，她与新加坡的地标建筑

建筑是凝固的音乐，但要凝固这美妙的"音乐"绝非易事，因为这建筑艺术的美离不开结构工程师的匠心独运；否则无论多么美妙的建筑概念和设计，也不过是空中楼阁、海市蜃楼。

星耀樟宜机场

新加坡有几个最具特色的标志性现代建筑：星耀樟宜（Jewel Changi Airport）、滨海湾花园（Gardens by the Bay）、吉宝湾映水苑（Reflections at Keppel Bay）、丽敦豪邸（D'Leedon）和滨海艺术中心（Esplanade-Theatres on the Bay）是她参与项目中的几个代表。它们均出自当今杰出建筑师的手笔，以独特的造型、复杂的结构和现代化的功能吸引了众多新加坡人和外国游客。丛正霞从这些建筑的项目结构设计到工程施工，从参与、主导到领导这样一步步走来，让美轮美奂的地标性建筑见证了她在事业上成长、成熟到成功的过程。

星耀樟宜建筑外观酷似中国的国家大剧院，其主体结构是跨度为200米的独特的中间凹扁球体，圆顶及立面构成的穹幕均由真空玻璃和网架钢结构组成。该建筑设计共10层——地上5层和地下5层。由于新加坡四面环海，地下水位很高，所以 5 层地下室的开挖和施工极具挑战。基础及主体结构施工于 2015 年到 2017 年。丛正霞凭着自己深厚的工程师功底，根据二十多年积累的经验和岩土研究的成果，从项目结构设计、施工方案优化、风险评估、造价分析、各单项工程协调等多方面进行深入的探讨研究，优化设计该项目基础结构使得底部筏板不受水压影响，仅此一项就为基础工程节省了近两千万元的成本。除钢结构的复杂性增加施工难度外，仅仅外观球面就由超过 9 000 片玻璃覆盖而成，每片玻璃都是独一无二的，有着各自特定的尺寸，安装需要相当高的精准度。丛正霞从图纸到施工确保了每个节点、每个细节的准确无误。这正是哈工大校训"规格严格，功夫到家"的最好体现。

能够游刃有余地驾驭星耀樟宜这样的巨型单体建筑，这得益于丛正霞过去二十余年十多个项目的经验累积。其中，最令她自豪的一个项目就是建成于 2012 年的滨海湾花园。滨海湾花园的主体建筑由两个全球最大的室内空调"云雾林"和"花穹"组成，其独特的弧形穹顶也使其成为新加坡络绎不绝的游客必去的地标景观之一。可谁知道，这完美而繁杂的结构背后，是她与多国大学教授及结构工程专家无数次的设计改进与核查，这才确保支撑架拆除后的穹顶屋架不会偏移。

她能敏锐地观察行业的发展、及时发现前沿技术并不断地学习新知识和新技能。在建筑信息模型（Building Information Modelling，BIM）变成行业规范之前，她早已在 2008 年的吉宝湾映水苑中掌握了该模型，通过三维、四维及五维的规划设计及建模，领导"雕琢"星耀樟宜和主导建造滨海湾花园，有效地减少误差并节省人工。她参与的一系列新加坡地标建筑的建造，最早可以追溯到于 2002 年开放的滨海艺术中心——新加

丛正霞参加国际高峰论坛

坡国家艺术中心（昵称"榴梿壳"）。如今，这一系列地标建筑早已成为大家记录新加坡"到此一游"的照片背景。

那些年，她锲而不舍磨一剑

"规格严格，功夫到家"的哈工大是中国当之无愧的工程师摇篮，但工程师不只是短短几年的本科学习就可以造就的。想成为一名出色的工程师更需要数十年不断地学习和磨炼，丛正霞深深体会到工程师的成长积累永远在路上……

1987年丛正霞完成了人生中第一次重大考试——高考。在作为医生的父亲的建议下她只身一人跨越1 500多千米来到哈建工就读工业与民用建筑专业。没想到大学刚开始，一个多月的军训生活便把身体虚弱的她累哭好几次。为了提高身体素质，她坚持每天晨跑。即使那冬日清晨刺骨的寒风也无法阻挡她立志要打破不能跑超过一千米的心理魔咒的脚步。四年来，她不仅通过勤奋学习成为名副其实的学霸，而且把自己锻炼成每年运动会上驰骋赛场的健将和一抹亮丽的风景。

1991年大学毕业前，不满足于本科学历的她又一次自我突破——考研。短短三四个月的备考时间是对她体力的检验，是对心理的考验，更是对毅力的磨炼。但功夫不负有心人，她用坚持和汗水克服一切困难，顺利成为结构工程专业唐岱新教授的学生。三年的硕士时光对丛正霞来说是充实而快乐的。作为研究生院的团委书记，每一次集体活动中总是少不了她忙碌的身影，也是在这忙碌中，她学会了如何与人更好地交流与沟通。

1996年，为了追随爱人的脚步，丛正霞来到新加坡并有幸先后在T.Y.LIN（林同棪）国际事务所、ARUP（奥雅纳）工程顾问公司、PB（柏诚集团）工程顾问公司工作。2003年，在外漂泊七年的丛正霞终于回到母校拜访恩师，唐老师指点道："我身为70岁的人尚且坚持学习并通过一级注册工程师考试，如此年轻优秀的你为什么没有更高的追求呢？"这一句话的力量便让初为人母的她意识到自己不能只沉浸在幸福的家庭生活中，也要追求专业上的进步。在勤奋的学习和坚韧不拔的精神感召下，她当年就拿到英国皇家结构工程师学会会员的证书。可她并没有停止追求的脚步，在丈夫的鼓励下，已为人母的丛正霞又一次坐在教室里，这次她拥有了一个新的身份——新加坡国立大学岩土工程专业硕士生。两年间，她一边照顾家庭和牙牙学语的孩子，一边学习繁重复杂的课业，忙碌的工作、学习和生活甚至使她对孩子们"抱一分钟"的承诺都变得难以实现。风雨之后总会有彩虹，2008年哈工大的学历终于得到新加坡政府的认可，经历过数不清的拒绝后,她终于在2010年成为正式的新加坡专业注册工程师。回首过往,十余年间无数从中国来的同行被残酷的现实打败或离开了新加坡,或改变了自己喜爱的专业。而丛正霞不忘初心,锲而不舍地坚定追求自己钟爱的事业。

在事业的峰峦上,有她汗水的溪流飞淌;在智慧的珍珠里,有她勤奋的心血闪光。2016年丛正霞成为英国皇家结构工程师学会资深会员。如今她虽然早已在新加坡建筑工程领域闯下一片天地,但是她始终没变的依然是对自己的高标准严要求。由于近几年科技飞速发展,天命之年的她再次报读了制造装配设计课程(Design for Manufacturing Assembling,DFMA)去学习和完善自己,她依然在专业路上奋进……

丛正霞(第一排左一)与研究生同学们30年聚会

幸福家庭人称羡

优雅、从容、淡定、豁达,丛正霞能果断地在项目技术方面做出重大决策,也能得心应手地处理各种关系和繁杂琐事;她不仅受领导的重视,也得到同事们的欣赏……在这些美好印象和成功背后,作为拥有一对儿女的职业女性,她不知要付出多少倍的心血和辛劳。比起事业上的女强人,丛正霞的内心更愿意相夫教子,做一个"孩子王"。作为事业上的女强人,她还培养出了一对令人羡慕的优秀儿女。当然,这些与哈工大锻压专业毕业的丈夫的贡献密不可分,一切源于他在她一路走来的成功背后默默地付出、分担、鼓励及指引。

2019年3月21日是新加坡名校——华侨中学(Hwa Chong Institution)的百年校庆万人纪念日。华侨中学是已故华侨领袖陈嘉庚先生发起的东

丛正霞与家人

南亚第一所以华文授课的中学。这所历经沧桑的学校为中华文化在海外的传播做出了不懈努力，如今成为深受海外华侨华人推崇并声誉卓著的优秀学府，也是新加坡最顶尖的中学之一。当天新加坡总理李显龙到场祝贺。在人山人海中，应邀出席的丛正霞为自己的儿子是华侨中学的学生而感到无比骄傲和自豪。

相较于弟弟，丛正霞的女儿也丝毫不逊色——中学毕业于培养过新加坡许多重要的政商界人士、包括新加坡两位总理的莱福士书院，现就读于拥有"世界级顶尖大学"称号的新加坡国立大学。能拥有这样一双如此优秀的儿女自然与丛正霞的言传身教密不可分。女儿上大学选专业前，她特意安排女儿在自己的单位实习，每天一起上班下班，半个月的锻炼不仅让女儿看到了鳞次栉比的高楼大厦不会瞬间拔地而起，土木工程行业并没有想象中那么耀眼夺目，也让女儿更加理解了母亲工作上的努力和辛劳。如今看到儿女在专业上找到了兴趣所在，并对自己给予越来越多的理解，丛正霞感到十分欣慰。陪伴孩子成长，让她重温最初的快乐时光；她愿意把所有的爱给予孩子，陪他们的理想一起高飞！

去国万里，心系工大

一直以来，丛正霞与恩师唐岱新教授及其他老师都保持着密切联系。她常常不远万里从新加坡飞回哈工大与老师及同学们分享交流经验，为母校的发展献计献策。她常说要成为卓越的工程师，除了要掌握本专业的知识，还要融会贯通其他专业知识和前沿技术，这样才能得心应手地管理项目。她自己就是真正的知行合一、"规格严格，功夫到家"的践行者。

在专业的选择和发展上,她建议学弟学妹尽早发现和挖掘自己的兴趣及潜能,确定事业方向,认定目标,一步一个脚印、一心一意地努力,要能坐十年"冷板凳"。在互联网全球化的今天,要获取知识几乎没有障碍,关键是要用心花时间去学。

你的时间花在哪儿,你的未来就在哪儿!

哈工大人 在南洋

刘晓冬
哈工大 87 级校友

　　刘晓冬，黑龙江省哈尔滨人，1989年在哈尔滨工业大学应用语言学（科技英语）专业硕士研究生毕业。曾任哈尔滨投资专科学校教学助教、中国船舶工业总公司综合经济技术研究院国际船舶市场工程师等职务。发表多篇以国际船舶市场、国际展览业、世界博览会等为主题的专题文章、论文。1992年5月起在中国贸促会展览部工作，其间多次参与世界博览会展馆的筹备、组织工作，包括1993年韩国大田世界博览会中国馆、1998年葡萄牙里斯本世界博览会中国馆、1999年中国昆明世界园艺博览会、2000年德国汉诺威世界博览会中国馆、2005年日本世界博览会中国馆、2006年中国沈阳世界园艺博览会。2010年还参与了中国上海世界博览会申办、组织和中国馆多个展馆的协调、布置等工作。由于其出色的工作表现，同年12月获颁国家"公务员一等功"和"2010年世博会知识产权保护专项行动先进个人"。2011年3月到2015年5月期间，刘晓冬担任宁夏博览局副局长兼宁夏贸促会副会长。2015年8月至今任贸促会驻新加坡代表处首席代表，同时担任中资企业（新加坡）协会秘书长、协会代表处行业委员会主任委员等职。

虚心笃志方平憾
风云际会竞化龙

遍历列国,铢积寸累不唐捐

世博会历史悠久,自1851年的英国伦敦万国工业博览会起至今已有150多年。它是主办国、参展国和国际组织向世界展示其文化、科技和产业领域成就的国际性博览活动,具有举办时间长、展出规模大、参展国家多、影响深远等特点,被誉为经贸界的"奥运会"。而总部设于法国巴黎的国际展览局,则是协调、管理和审批世博会事务的政府间合作组织。

贸促会负责中国参加国际展览局和世界博览会事务,自1982年起至今,已先后16次代表国家组织中国馆参加世博会,并于2010年成功举办上海世博会。自1992年进入贸促会工作以来,刘晓冬参与了这其中近半数世界博览会的组织筹备工作,其间也曾因出色的工作表现多次受到表扬。他印象最深刻的一次,是1993年时任国务院副总理李岚清率团主持韩国大田世博会中国馆馆日活动时,韩方组委会委员长吴明指着自己对李副总理说"这个年轻人工作非常努力,一定要表彰"。

时任国务院副总理田纪云率团出席1992年西班牙塞维利亚世博会中国馆馆日活动时，对世博会众多的参展国和宏大的场面、高科技的展出手段和效果，以及各国游客云集的盛况印象深刻。随后，中国申办世博会的任务就交予了贸促会，北京市和财政部作为支持单位，而刘晓冬则成为具体经办人员之一。

按照程序，中国先在1993年加入《国际展览会公约》，并成为国际展览局成员国。而当时2000年世博会的举办权已被授予德国，因此中国转而申请1999年的世界园艺博览会。

1999年11月，上海市承办2010年世博会的报告获国务院批准。2000年3月，国务院批准成立由时任国务委员吴仪领衔的上海世博会申办委员会。2002年12月3日，在国际展览局第132次全体大会上，中国赢得与俄罗斯、韩国、波兰、墨西哥的竞争，获得了2010年世博会的举办权。以"城市，让生活更美好（Better City, Better Life）"为主题的上海世博会，总投资达450亿人民币，共有256个参展方（国家、地区、国际组织），参观人数达7 308万人次，为历届世博之最。应该说，1999年昆明世界园艺博览会史无前例地成功举办，为中国成功申办2010年上海世博会创造了良好前提和条件。

贸促会承担了上海世博会组委会日常联络协调、非建交国家招展、中国馆组办和省区市参展等工作。此时的刘晓冬已经参与组织和筹办过六次国际性的博览会，对相关的工作早已驾轻就熟，因此积极踊跃地投身到了这些繁杂的工作中。在申办期间，他陪同世博会前线总指挥、时任中国驻法国大使吴建民为竞选国际展览局主席一职赴法国开展工作；在筹备期间，又参与制定了上海世博会参展规则、主题陈述、中国馆及省区市馆展览展

刘晓冬获得"2010年世博会知识产权保护专项行动先进个人"

示策划设计评审等工作；在展览期间，还在中国馆相关的贵宾接待、运营管理、活动组织与协调等方面贡献力量。

在贸促会展览部工作期间，刘晓冬历任宣联、副团长、团长等职务，参与组织、领导"中国展览团"参加国际博览会40余个，参加国际组织会议20余次，足迹遍布世界60余个国家和地区。2004年，刘晓冬作为主要筹备人员之一，在时任副会长高燕指导下，与全球展览业协会（UFI）、国际展览与项目协会（IAEE）、美国独立组展商协会（SISO）等国际组织合作，于2005年1月在北京成功举办首届"中国会展经济国际合作论坛"（CEFCO），时任国务委员吴仪拨冗出席并做主旨演讲。此论坛已跻身世界三大会展论坛之列，成为贸促会知名品牌，至今仍然每年举办。

西行贺兰，因地制宜建奇功

2011年3月到2015年5月期间，刘晓冬到宁夏挂职，任宁夏博览局副局长兼宁夏贸促会副会长，协助局长分管会展工作。在此期间，他通过大量开展调研学习，切实履行职责，为中阿经贸论坛、中阿博览会的成功举办及当地会展业的发展做出了很多积极贡献。

在宁夏期间，刘晓冬立足宁夏实际和岗位要求，不断学习中央以及宁夏发展的各类方针政策，不断增强自身驾驭本职工作、服务地区发展的能力。通过深入了解宁夏的历史文化、经济和社会发展情况，从全局出发，以战略眼光分析宁夏在国家改革开放大局中的战略位置和作用，以及如何利用中阿经贸论坛、中阿博览会等重要平台，推动宁夏"向西开放"发展战略。

在宁夏期间，刘晓冬全力协助服务地方发展，在筹办两届中阿经贸论坛和首届中阿博览会时，除了在展览展示、市场化运作等方面建言献策外，为推动阿拉伯国家实质性参与相关活动，真正做到"中阿共办"。他于2011年5月带团参加在沙迦进行的"阿拉伯国家展览会（OIC-EXPO）"期间，与展览会组织者——伊斯兰贸易发展中心领导人几次座谈，成功邀请该中心将其品牌展览会OIC-EXPO于2013年移至宁夏举办。随后，该组织领导人访问宁夏，与时任自治区主席王正伟会谈，签署"于2013年在宁夏银川市举办OIC-China EXPO的协议书"，该项目成为自治区成立以来首次引入的国际知名会展品牌。2013年9月，OIC-China EXPO与"中阿博览会"在银川市同期举办，来自西亚、北非等地区的30多个国家参展，取得良好的效果，受到各界好评。经过刘晓冬的努力，成功邀请"阿联酋航空公司Emirates"作为活动的"指定航空运营商（Official Carrier）"并为参展国家免费提供约 50 张国际机票，取得良好的社会效益和经济效益。为增加阿拉伯国家参与度、提高展览会的务实效果，他书面建议活动引入"主宾国"机制，并自己主动做工作成功邀请阿联酋、科威特、阿曼分别作为三届"中阿博览会"的"主宾国"，策划并组织举办系列经贸文体活动（如促成宁夏宝塔石化与科威特石油项目等若干大型投资合作项目的商谈，担任中国 – 阿联酋国家女子足球赛、中国 – 科威特国家青年足球赛总策划、总负责及现场总指挥），有效促进了各方人文交流与经贸合作，受到了自治区领导的肯定。此外，利用出访机会，他还倾力推介和提升宁夏在国内外的知名度和影响力，首届中阿博览会的成功举办正是得益于此。

远赴南洋，印累绶若守本心

2015 年 11 月至今，刘晓冬担任贸促会驻新加坡代表处首席代表，负责代表处的全面工作。其中最重要的，就是对外联络工作。带着积极建立和深化与当地工商界常态化联系的工作任务，刘晓冬频繁参加工商论坛和会展活动，与对口机构开展多种专项交流活动，热心协助双边企业，不断扩大"朋友圈"。在他的努力下，贸促会与区域对口机构新建或续签多个合作机制，与新加坡相关单位的合作协议也得到了落实。

另外，贸促会与新加坡工商联合总会合作成立了"中国 – 新加坡商务理事会"。刘晓冬作为中国国际贸易促进委员会驻新加坡代表处的首席代表，积极推动、参与、组织、筹备、召开中国 – 新加坡商务理事会成立大会及第一届理事会会议，参与、组织、筹备、召开由中国贸促会与新加坡工商联合总会共同举办，新加坡通商中国、中国商会、中华总商会、中资企业（新加坡）协会共同支持的"中新经贸与投资合作论坛"，一周内有超过300位各界人士网上报名参加，反响热烈。在新加坡贸工部高级政务部长刘燕玲见证下，时任贸促会会长姜增伟与通商中国主席李奕贤、中国商会会长胡进胜、中华总商会会长黄山忠分别签署"合作备忘录"，新加坡工商联合总会主席张松声做主题演讲。在此次论坛活动中，新加坡主要的商协会领导难得地悉数出席，论坛活动也取得了圆满成功。

除此之外，他的工作成就还包括推动贸促会与新加坡中华总商会、通商中国、中国商会、大华银行建立合作机制、签署合作备忘录，以多种形式加强互动交流，稳固和密切双方关系。结合当今热点问题，他联系这几个商协会的主要领导人，通过见面、通电话等形式，就有关热点问题，听取他们的看法、意见和建议。

在行业政策和经营经验方面，有着贸易自由港身份的新加坡有很多独

刘晓冬（右三）在中新经贸与投资合作论坛同与会者合影

到之处值得借鉴，这也是刘晓冬作为贸促会负责人应当考虑的方面。经过自己的深入调研，刘晓冬就中国改善营商环境、中企走出去等问题建言献策，积极发布区域经贸信息，已经连续两年被评为贸促会政务信息先进单位，经贸信息报送数量一直居各代表处之首。

在这三年，根据中新企业需求，配合相关部门要求，刘晓冬组织主办或协办了"中新科技交流会""中新人才交流会""新物流企业座谈会""中新培训交流会""一带一路钢铁机械合作交流会"等专题活动50余场，协助双边机构和企业寻找潜在客户或建立联系，努力促成经贸合作，得到参与者的高度评价。新加坡中国商会会长胡进胜还曾表示，这些活动对推动中新企业间交流合作非常有益，希望坚持组织举办。

刘晓冬还同时担任中资企业（新加坡）协会秘书长、协会代表处行业

刘晓冬在哈尔滨工业大学与老师同学合影留念

委员会主任委员等职。他在工作中一向将服务中资机构、中资企业作为重点,除了参与策划、筹备、组织举办、主持协会相关会议和活动(协会常务理事会议、会员年度大会、理事会就职典礼、中新合作交流会等)之外,还积极组织中企专场座谈活动,调研业务情况和相关诉求,搭建沟通对话平台,协助建立商业联系,推荐中资企业(如招商局、中海运、港湾工程、富春控股、阿里云、中兴等在新加坡的分公司)参与其领域相关交流活动,使其以主题演讲、小组专题讨论等形式阐述看法与观点、展示自身形象、扩大影响力和知名度等。同时向新加坡政府机构、商协会等反映企业诉求,阐述我方主张,也引导企业加强自律、践行社会责任。

在本套丛书杀青之时,刘晓冬已转赴贸促会驻印度代表处工作,又开始书写贸易投资促进、服务中资企业的新篇章。值得一提的是,在刘晓冬离任前夕,驻新加坡使馆经济商务公使衔参赞钟曼英特地为他颁发"纪念盘",以感谢在他工作期间为各界经贸活动做出的杰出贡献。

刘晓冬在调离新加坡转赴印度工作前夕收到的致谢礼物

感恩母校,荣焉幸甚祝腾飞

刘晓冬是哈尔滨当地人,小时候因为居住地点靠近哈工大,每次路过都会多看几眼,向往着在哈工大校园里的生活。阴差阳错,自己的本科没有在梦想中的学校完成,这让年轻的他多少有些失落。念念不忘,必有回响。凭借自己对英语学习的热爱,刘晓冬自学并参加了黑龙江省英语自学考试,这才有了之后在哈工大硕士研究生学习的最宝贵的经历。他还曾经在哈工大为本科生担任过两学期的英语老师(讲授《新概念英语》第3册),也参加过黑龙江省1988年度研究生入学考试英语考卷的评分。这段经历也让他十分难忘,就像是自己从侧面体验了哈工大的本科生活,弥补了早年的遗憾。

时光飞逝。转瞬间,刘晓冬离开母校已整整30年了,但哈工大严谨治学的校风,老师们辛勤教诲、学子们刻苦读书的情景,至今记忆犹新。自己在成长、工作中取得的点点成绩,与在哈工大的学习、教育生活是分不开的。在被问及百年校庆时,刘晓冬表示:"哈工大即将迎来百年校庆,我很荣幸自己能亲历这一特殊而难忘的日子,也为自己曾经在此学习而感到无比的骄傲。我也坚信哈工大将在今后的岁月中,会发出更加耀眼的光芒!"

哈工大人在南洋

蔡越宾
哈工大88级校友

  蔡越宾，生于吉林省，1988—1992年就读于哈尔滨工业大学电气工程系电磁测量与仪表专业，毕业后分配至辽宁省沈阳市工作。1996年，作为土生土长于寒冷气候的东北人，第一次踏出国门就飞到了万里之外的赤道国家——新加坡，更是步入了全新的工作领域——造船业。无论是工作还是生活，一切从零开始。凭借在哈工大打下的坚实基础和秉承的"规格严格，功夫到家"的理念，他在这个全新的领域里快速学习成长，很快成为业务骨干。

优尼德克海事有限公司总裁

作为终身学习的践行者，紧张的工作之余，我选择继续深造并获得了新加坡南洋理工大学（NTU）硕士研究生学位。曾先后在新加坡主要的船舶制造企业担任生产、技术经理，在著名的欧洲跨国公司担任产品设计经理；先后负责多项重点项目的设计、生产和调试工作。工作内容包括且不限于新加坡最先进的隐形护卫舰、登陆舰等，这样的工作带给自诩"军事迷"的我极大的自豪感和满足感。

如今的我，主要管理经营优尼德克海事有限公司（Unitech Marine Pte. Ltd.），担任总裁一职。公司主要提供海事油气行业相关的电气、自控和甲板设备的贸易、生产和服务等相关业务。

正所谓春风时雨一百年，桃李盛开满天下。值此母校哈工大百年校庆之际，祝愿学弟学妹们秉承哈工大校训，勤奋求实，铸就成功。

哈工大人在南洋

周永程
哈工大88级校友

　　周永程，1988—1992年就读于哈尔滨建筑工程学院工业与民用建筑专业本科，1992—1994年在哈尔滨建筑大学（2000年并入哈尔滨工业大学）攻读结构力学硕士学位，1995年赴马来西亚工作，2003—2005年在新加坡国立大学攻读MBA；1997年起在新加坡工作和生活至今，主要从事房地产开发和投资，及房地产信托的资产管理工作。

感念母校　铭记师恩

在母校读本科的四年里，我觉得作业总是做不完，尤其是王焕定教授的结构力学。回望来时路，非常感恩这"规格严格，功夫到家"的磨砺；硕士期间，我师从刘季教授，他的循循善诱、严谨认真令我记忆犹新。刘季教授确定大方向，由师兄闫维明教授日常指导。师兄两年半的课题指导和言传身教，让我不仅学到了跨学科的先进知识，也受到哈工大精神的熏陶。成为哈工大人的三十多年来，我始终对母校的培育心怀感激和感恩，对哈工大百年的辉煌成就感到无比骄傲。献上三首小诗，既是对母校的回忆，也是对庆祝哈工大百年的参与。祝愿哈工大再创辉煌、屹立于国际顶尖一流大学之中。

上大学
1988 年 8 月底乘轮船自南通赴上海，奔哈尔滨上大学。

大江滚滚五山遥，
轮上观城景更娇。
东北求学济沧海，
昆仑立马笑射雕。

哈尔滨之夏
1989 年于二校区

丁香开过杨絮飞，
绵绵风雨欲何为？
春风飞度留不住，
醉倒冰城仲夏夜。

百年哈工大
2019 年 8 月于新加坡

工大百年历风霜，
八百壮士铸辉煌。
培桃育李遍天下，
功夫到家一流创。

哈工大人 在南洋

陈 光
哈工大89级校友

　　陈光，1989年至1993年本科就读于哈尔滨工业大学精密仪器专业；2000—2006年赴新加坡工作；2007年回中国创立长春三赢信息技术有限公司，进行手机游戏的研发与制作，开发的游戏进入中国手机游戏前20名；2009年再赴新加坡工作至今；2014年与朋友联合创建新加坡九竹系统科技公司，并担任新加坡九竹教育云平台技术总监。

　　毕业二十多年，陈光一路走来，一直工作在计算机设计和网络技术的最前沿，从早期的计算机辅助设计（Computer Assisted Design，CAD）、掌上个人数字助理（Personal Digital Assistant，PDA），到动漫产品、网络游戏和芯片设计研究，再到现在的教育云平台和人工智能（Artificial Intelligence，AI）。工程师出身的陈光是不折不扣的电脑行业的弄潮儿和技术咖。

岁月如歌领风骚

破土凌云节节高

1989年陈光从长春一汽子弟第六中学，历经一番拼搏，考进梦寐以求的哈尔滨工业大学的精密仪器专业学习。四年的学习和哈工大"规格严格，功夫到家"的锤炼，为他后来的工作打下扎实的知识功底。

1993年从哈工大毕业后加入机械工业部第九设计研究院做设备设计的陈光，对计算机前沿技术非常敏感，看到了时代发展的趋势和行业的需求，一头扎进了计算机辅助设计领域。在90年代中后期，他主持并开发了非标设备CAD自动化智能设计软件、涂装设备三维设计等软件。这些软件不仅多次获得长春一汽集团技术研发方面的一等奖，也先后获得了机械工业部优秀设计奖二等奖和三等奖。到2000年，毕业不到七年时间，陈光实现了从助理工程师、工程师到高级工程师的三级跳；不到三十便成为行业内屈指可数的年轻高级工程师。

年轻的心和勇敢的脚步，永远不会停止追求。陈光不安于在过去的功劳簿和荣誉上消磨最有创造力的青春年华，也看到了外国计算机科技的先进和发达。他决定放弃在业内取得的辉煌成功和荣誉及属于自己的驾轻就熟的工作和安逸的生活,凭着闯世界的勇气和魄力,选择扬帆远航去外面精彩的世界。

2000年，陈光挥别故土，孤身来到了东西文化和科技交汇的新加坡。当时的他已经认定了计算机技术和网络就是人类的未来，他一定要盯住前沿、紧紧咬定不放。从2000年到2006年的六年时间里，陈光工作在一家著名的跨国科技公司康柏电脑(Compaq)的技术一线，后参与研发当年非常流行和最先进的Palm PDA（智能手机的雏形）。这六年的辛勤耕耘和技术知识的积累使陈光不仅开阔了眼界，也融入了国际前沿科技中，更重要的是他的电脑技术和软件开发的实力得到了加强和进一步提升。

随着网络的蓬勃发展和网络游戏的兴盛，2007年陈光决定回到中国创业，加入动漫产品和网络游戏的大潮中。短短两年，陈光与好友组队创建的长春三赢信息技术有限公司就已经发展到40多人，开发的游戏跻身于中国网络游戏的前20名。看到两年创业的亮眼成绩和公司蒸蒸日上的良性发展态势，他和创业团队都深感欣慰，与此同时陈光的心仍然紧紧追逐着电脑世界的高科技发展。2009年，女儿正好也到了要上小学的年龄，陈光很快决定告别这两年的成就，举家回到新加坡再开创新事业。他选择加入到英特尔的技术团队，奋战在世界先进芯片技术的最前线。

一朝破土指云天

重回新加坡，女儿慢慢长大，开始读书升学，开始几年英语学习一直是最大的挑战。沉浸于计算机和互联网科技的陈光思考如何有效地用计算机和互联网科技辅助学习和教育。虽然市场上有很多学习软件和在线教育网，但是基本采用传统设计模式，效率较低，效果也不太好。陈光的研究是把网络游戏设计、人工智能技术和电脑云技术用在学习软件的设计和线上教育上。

武术大侠的成才过程是在不断与对手的实战和切磋中学习成长，像太极大师离不开与拳伴长年累月地进行太极推手演练。对手，顾名思义指本领不相上下的竞赛方,常言道"棋逢对手,将遇良才"。学习和教育也一样,电脑网络和人工智能应该成为一个好的学习对手或伙伴。陈光要利用游戏的吸引力和对抗性抓住学习者的兴趣,让学习者欲罢不能;同时,具有人工智能的"学伴"或"书童"能够完成对学习者的测试、分析、评估,并帮助他们再学习,目标非常明确地让学习者"弱的方面加强,强的方面更强"。没有针对性的传统学习软件和在线教育,要么太容易而效率低、浪费时间,要么太难而让学习者失去兴趣。具有人工智能的"学伴"就是扮演好真正对手的角色,减少无效的学习时间,提高学习效率,与学习者做到互相补充、相得益彰。学习者的兴趣和成绩会得到明显的提高。这正如马克思的"一切节省,归根到底都归结为时间的节省",陈光就是要用最新的科技帮助学习者节约时间。

经过对教育市场需求和未来技术发展趋势仔细研究和分析后,陈光与友人于2014年联手成立了新加坡九竹系统科技公司。身为技术专家的陈光

陈光携九竹科技参加教育展

决定把工作重心放在教育云平台的开发建设上。他的理想是成为出类拔萃的在线教育服务提供商，而且要把技术平台发展为业界引领者。陈光这一次创业不仅要在教育领域实现自己技术能力的应用价值，更能从公司名字中便一窥他对亚洲尤其是中国传统教育的革新情怀。九竹，能让人联想到在造纸技术发明之前的悠悠岁月中，竹子制作的竹简是中国历史上使用时间最长的书籍形式，竹简作为文化保存和传播的媒体，为人类的整体文化和知识的传播发挥了至关重要的作用。当今的互联网时代，九竹系统科技致力于通过现代网络、咨询技术和服务，打造现代人学习知识、实现创造与共享的载体和平台。

创业至今，九竹教育强调针对差异化的人才施以差异化教育，所谓因材施教，是对古往今来的科举式教育不足做出的突破性革新。同时对机构的共享和创建，九竹也是专注于客户的需求，量身定制使合作的战略伙伴大大受益。 九竹在市场的验证和挑战下正越做越强。目前为止，九竹教育云平台产品线已经有 K12 版、高校版、课程商城平台、云企业版、行业版。建立长期合作关系的大客户包括中建南洋、青建国际、新加坡职总、西京学院、中冶置业、伟东云教育、新加坡国家电力、万和国际等等数十家。同时，为了配合九竹的整体发展需求和中国市场的进度，最近在山东青岛又开辟了技术开发团队的第二战场，山东青岛伟东九竹教育科技的创立将会更有效地帮助九竹进一步扩大和发展中国市场的业务。

能者无惧，陈光凭着闯关东的勇气、追求突破自我的价值观和功夫到家的技术实力一路走来。正如那竹子的生长，稳稳扎根，慢慢孕育竹笋，一旦破土而出，很快就抽枝长叶成为竹子，一节连一节、一日接一日地长高。白云和天空就是竹子生长的方向。陈光的九竹教育云平台正节节攀升、指向云端。

云淡风轻细细语

平日里陈光的生活简单质朴,作为主要创业领导者,在亚洲跑市场抓项目联络客户,闲暇时尽量陪伴家人。偶尔与友人相约健身或小聚。对于陈光来说,新加坡起初带给他的是当时的新加坡与中国发展的比较性思考,同时也给陈光提供了学习新技术、开阔视野的机会和平台。安居于新加坡的陈光,在事业上的强烈愿望是要为新加坡和中国的教育贡献科技的力量。

陈光对母校哈尔滨工业大学的发展非常关注,常为母校的新闻感到激动,为母校的成就而振奋。他希望学弟学妹们从哈工大八百壮士身上体悟到刻苦和坚韧,像竹子一样"咬定青山不放松,立根原在破岩中,千磨万击还坚劲,任尔东西南北风"。

陈光介绍九竹教育

哈工大人 **在南洋**

王秋实
哈工大 91 级校友

王秋实，1995 年毕业于哈尔滨工业大学计算机科学与工程系计算机应用专业。同年留校工作从事教学与科研工作。参与了计算机图形学重点专业实验室和哈工大 –IBM 技术中心的创建和发展工作，并开设了 AIX 操作系统、OS/2 操作系统等选修课。于 1999 年来到新加坡，在新加坡国立大学进一步开展计算机图形学的学习和科研工作，在计算机图形学光能辐射度算法领域有所突破，并被授予科学硕士学位。2000 年底加入美国 SYBASE 软件公司亚洲开发中心，历任软件工程师、高级软件工程师、软件开发经理等职，参与并领导了 PowerBuilder 等世界知名的大型软件产品的开发，并成为其核心领导团队成员。于 2010 年加入世界最负盛名的软件公司之一 SAP，担任软件开发专家及团队领导，致力于移动软件、云平台等领域，参与并领导多个大型软件产品的研发。获得 7 项美国国家专利，另有 3 项专利的申请正在进行中，专利涵盖了移动技术、云计算、区块链技术、人工智能等多个领域。

生于斯，长于斯，学于斯，念于斯

家一样的哈工大

对于王秋实来说，哈工大不仅仅是母校，更像是他的家。王秋实的父亲是一位哈工大教授，因此他也算是生在校园里，长在主楼下。谈起哈工大的今昔变化，他感触颇深。20世纪70年代的哈工大校园内二层楼的小卫生所，是王秋实出生的地方，现在那里已经是雄伟的行政楼。当年主楼对面充满俄罗斯风情的小院落是他成长的幼儿园，现在则是繁华的科技大厦。教工宿舍筒子楼晦暗的走廊和公共厨房，是那时他和小伙伴们嬉笑流连的地方，现在则变成了宽敞明亮的学生公寓。泥泞的空地和凌乱的杂院儿，是他们曾经玩耍打闹的地方，现在则是现代化的图书馆和实验楼。尘土飞扬、四周长满杂草的大操场是他和小伙伴们采摘黑星星（学名龙葵，一种黑色的小浆果）的地方，现在则是现代化综合体育中心和游泳馆。那段曾经和小伙伴们拉着冰爬犁滑过的安静小路上，现在已经满是各式各样的现代化车辆。唯有那小时候曾经举头惊叹的高大的主楼，经历了岁月的沧桑却依然挺拔。

哈尔滨工业大学王秋实所在班级毕业留影

在小时候因为怕黑不敢留在里面的三大楼走廊,还是那般的庄严与肃穆。

不知不觉中,在那一年,王秋实佩戴着白色的校徽住进了学生宿舍,走进了主楼、电机楼、机械楼的大教室,坐进了综合楼的实验室,踏入了新落成的图书馆。就这样从一个操场中淘气的顽童,成长为一个校园里懵懂的学生。在清早赶大课的匆忙中,在中午奔食堂的拥挤中,在晚间寻找自习室座位的奔走中,春夏秋冬,四季匆匆。四年后,在一个温暖的哈尔滨夏天里,他和同学们挥手言别,才发现自己已经站到了讲台的前面、实验台的后面,校徽的颜色也由白色变成了红色。

粉笔在黑板上的跳动声,鼠标键盘在 CRT 屏幕前的敲击声,出差

王秋实在新加坡

路上绿皮火车的颠簸声，实验室里老师同学的谈笑声，伴随着王秋实度过了佩戴红色校徽的日子。（注：二十世纪八九十年代的哈工大校徽，学生的是白色调，教工的是红色调）

在新加坡的成长

步出新加坡樟宜机场的抵达大厅，火热潮湿的空气紧紧拥抱着王秋实，又一路将他送到干燥凉爽的新加坡国立大学的实验室中。不同的气候，不同的国家，同样热情的师友，同样的科学精神，王秋实就这样开始了在新加坡的学习、工作与生活。

都说哈工大是工程师的摇篮，作为哈工大人，王秋实也有着参与大型实际生产的渴望，很快他就有了这样的机遇。对于他们这些90年代初开始软件开发的人来讲，PowerBuilder是个带有传奇色彩的软件产品。这一软件在90年代被SYBASE斥资9亿美元收购，全球有近十万软件开发人员以此谋生及致富。在大三、大四时，王秋实就有同学用它赚过小外快。那时他发现自己有机会加入其开发团队，上手开发其核心模块，为数以万计的全球用户服务。这是自己渴望已久的机会，因此王秋实很快就加入了SYBASE。当自己真正参与到这样的大型软件开发生产中,他才体会到这种数百万行代码、数个版本并行、支持多个第三方系统互动集成的大型软件的复杂性。在此期间,勤学好问的王秋实更进一步了解了包括前端用户界面、数据处理、语言编译等各种层面技术的多样性。一步步地从不会开始,一天天地不断进步,一个个技术难题去解决,一件件客户热点事件提供方案支持,一块块新功能模块的开发,一次次新版本的发布。就这样,他从大学的科研学术象牙塔,走进了全球化的大型软件工程开发生产环境中。

在接下来的较长一段时间,王秋实一直在软件快速开发这个领域深耕细作,不断地进行探索与创新,思考如何更好地帮助和赋能软件开发者。从服务器端和客户端两端的开发模式,到加入中间应用服务器的多层开发模式,又到基于互联网端的开发模式,以及在智能手机推出后,快速开发手机应用等方面不断进行研发和生产。

2010年左右,可以说是一个数字化时代的新开端,移动技术、云计算、大数据、人工智能、区块链技术等开始出现和复兴。这是一个创

王秋实参加活动

新驱动的知识经济时代，有一点像一百多年前电气时代的开端，一切充满了希望但也包含了不确定性，对创新的要求达到了前所未有的高度。而对于王秋实个人来讲，是在加入 SAP 之后，在开发和生产之余，才开始更多地在创新方面分配一些时间和精力，在创新专利方面也是成果丰硕。

他在 2014 年前后获得第一个美国专利，那是关于网络和移动应用开发和部署方面的。在 2016 年又进一步获得关于移动应用自动部署的第二个美国专利。2016 到 2017 年前后，王秋实又花精力研究如何赋能手机应用开发者，使其开发更快速，更有效率。于是他的第三个专利是关于赋能手机应用程序开发者，在不离开集成开发环境的前提下，快速方便地访问和使用手机独有的软硬件功能。他的第四个专利是帮助开发者，如何利用现有的互联网应用程序的框架，快速生成手机应用程序。第五个专利是如何基于元数据快速生成各种互联网应用和手机应用程序。第六个专利是关于在云环境下如何快速地生成现代企业移动应用。与此同时，王秋实的研发也扩展到其他领域，例如网络安全，因此他的第七个美国专利是关于云端应用的安全访问。

总结当下，思考未来

最近两年，随着知识经济和数字化等战略方向的不断深化，王秋实的研发方向更加着重于将人工智能、区块链等新技术运用到现代企业的软件当中。最近两年提交的三个美国专利申请当中，有两个都是关于区块链在软件资产管理和软件开发方面的应用，另一个是基于深度学习的人工智能在企业工作流预测当中的应用。

总结自己这些年以来的发展，王秋实觉得自己是在不断地学习、探索、自我更新的过程中，得以在这个知识经济、新数字时代生存和发展。他认为目前自己遇到的最大挑战是如何创新，如何在这个快速变化的知识经济时代不断地更新自我，不断在自己的领域有突破和创新。更重要的是，应当时刻保持愿意迎接新变化的心态，自己也逐渐能体会到那句话的含义——"自古至今，这个世界上唯一不变的就是不断变化"。可以预见，自己面临的这一挑战应该是会一直持续下去，因此他每天都告诫自己："今天是你入职的第一天，要保持好奇心、开放的心态，随时准备迎接新的挑战，否则的话，你很快就会落伍，很快就会变得无关紧要，那么今天就会是你在职的最后一天。"

最后，王秋实谈起了自己一路走来的选择。对于他来说，出国是一种选择，从学术界进入工业界、企业界又是一种选择。在他看来选择并没有好与坏之分，更没有必要，也没有可能预计选择所能带来的长期结果。我们应该感谢这个时代，让我们有更多机会进行选择。对一个普通人来讲，只能做到从大处着眼、从小事着手、以最快速度行动，做好自己力所能及的事，踏踏实实向前进步。对于他个人来讲，也在不断地提醒自己，要时刻记得"规格严格，功夫到家"的校训，做好手头的每件小事，尽量不为"哈工大毕业生"这个称号丢脸。无论在什么地方，都能让身边的人通过自己这个小小的窗口了解哈工大，了解哈工大人的精神。

作为千千万万的朴实的哈工大校友的一员，王秋实希望分享自己的经验，也给其他后来的校友一些启示和参考。而他自己将继续在平凡的岗位上不断努力，继续奋斗。值此哈工大百年校庆之际，王秋实作为一名普普通通的哈工大校友，也在新加坡祝贺母校百年华诞，祝福母校在新的百年里，不断发展壮大，更加辉煌。

任冬艳

哈工大92级校友

哈工大人 在南洋

  1988—1992年郑州大学环境工程专业学士；1992—1996年哈尔滨工业大学环境化工、技术经济（国际金融方向）专业双硕士，高级经济师。1996年哈工大毕业后，入职中国建设银行总行，在总行国际业务部、金融机构业务部、机构业务部多个岗位工作。曾荣获第七届中国建设银行"十大杰出青年"荣誉。其中，1998—2001年外派参与筹备并在中国建设银行法兰克福分行工作；2012年起外外派新加坡分行任副总经理，2014年至今任中国建设银行新加坡分行总经理。

新加坡中资银行业的翘楚

从 2014 年开始,中国建设银行新加坡分行在当地的业务飞速发展,成绩非凡,令人瞩目。这不仅是分行发展速度领先于同业——2018 年底分行净利润达到了五年前的 10.6 倍,年平均增速达到 60%,资产增速超过了 36%;更是分行质量的全面提升——分行资产质量优良,不良率、不良额始终为零,人均净利润超过 1 200 万人民币,成本收入比仅为 8%;同时也是分行在当地树立了合作高效、发展共赢的金融服务品牌形象——建行与当地政府、商会、企业同业都建立了良好合作,从在市场上默默无闻,到如今服务"一带一路"、为企业走出来提供"一站式"金融服务的良好口碑。这些辉煌成就正是因为有哈工大校友——新加坡分行总经理任冬艳高瞻远瞩、运筹帷幄的领导力和注重执行、严格到家的努力。

曾经的诗与远方

"诗与远方"被无数人写进文字里,用不同的环境、语境和心境去诠释。而诗与远方并不是怀着文艺青年的心情来一场说走就走的旅行,也不是为了虚无缥缈、不食人间烟火的浪漫而浪漫。"诗与远方"本质是有诗意、有理想、有激情、有追求地工作生活，让平平淡淡的人生和事业多姿多彩，甚或壮丽辉煌。这正如罗曼·罗兰说的，"世上只有一种真正的英雄主义，那就是看清生活之后，依然热爱生活"。从上大学到读研究生、从国内工作到派驻海外的任冬艳，恰恰为这做了最好的诠释，身居要职依然谦虚真诚，创造辉煌之后依然积极进取。

1988年，中国改革开放已经整十个年头，从南到北经济发展一片欣欣向荣。尤其，国家开启全国城镇推行住房制度改革，从国家住房分配制过渡到住房市场化、商品化。从此，中国进入了全面大建设的新时代。这一年高中毕业的任冬艳，理想是加入这国家建设的大潮。她大学专业没有选择容易出国的英语专业，也没有选择与钱和数字打交道的财会专业，而是选择了当时国内刚刚设立不久的新专业——环境工程专业。对美好环境的追求，这就是她追寻的"诗"。

大学四年，任冬艳成绩一直位居本专业第一。她放弃了非常难得的直接保送读硕士的资格，选择自己参加硕士统考追求自己的理想。当年哈工大环境化工专业创始人周定教授是该领域的女中豪杰，虽然年逾花甲，依然是全校闻名的"女神级"学者。任冬艳当时就被周教授"圈粉"，希望能够成为她的学生。经过数月的寒窗苦读，她终于顺利投师到周定教授门下，成为环境化工专业的硕士研究生。她终于来到了哈尔滨工业大学，成功地开启了新的、更高的追求，可以在遥远的东北写一首新的诗篇。

第一次见到周定教授，任冬艳就被她散发出的淡定从容、坚定优雅的风采深深吸引住。从此，任冬艳不仅是周教授的研究生，更成为她的终级粉丝。当第二次见面时，还沉浸在初见偶像的快乐中的任冬艳被周教授的

任冬艳（右一）拜访周定教授

严格认真彻底折服了。没想到年近古稀的老教授会把上次提到的一个一个问题，向每一个研究生询问，认真倾听，与其讨论并给予指导。对于遗漏问题的、该做没做的学生，她会态度非常严肃、语气非常严厉地进行教导："每一个人必须为自己的话负责，说得到就必须要做得到。"这句话深深印到任冬艳的脑海里，也成为她的处世原则，任冬艳说："说到做到，我当时认为是做事方式，现在我理解更是人的一种品格。"周教授通过言传身教把哈工大"规格严格，功夫到家"的精神深深烙在她的学生心中。

师从周定教授，自然就认识了她的先生袁哲俊教授，做事严谨、多才多艺的袁教授也自然成为她的偶像。袁教授不仅是哈工大机械制造学科的奠基人，还是一位出色的诗人。他们伉俪是哈工大20世纪50年代"八百壮士"中的领军人物，在那艰难岁月中依然能做到专业和爱好相得益彰，都分别成为自己专业的奠基人和行业泰斗，非常令人尊敬。他们都非常关爱学生，有一次在周教授家讨论课题时间晚了，袁教授亲手给他们做饭，那是她第一次吃到科学家做的饭，受到了很大的震动和启发。原来真正优秀的人不仅学有专攻、做人谦虚、做事认真，而且多才多艺、为人包容、生活乐观。任冬艳回忆道："那次使我真正理解到优秀是一种品质，是多方面的，不仅是学识，更是做人。优秀的人不仅可以为时代、国家、单位做贡献，也可以为自己的家人、朋友甚至周围的人做贡献、做榜样。"

为让青春年华更充实，学习内容更广阔，在周老师的推荐下，渴求知识的她选择了第二硕士专业——技术经济（国际金融方向），师从当时管理学院的何绍元院长，在金融领域开始了学习深造，这一决定不仅使她拓宽了经济及金融知识，也使她有缘收获自己的爱情，她的先生高巍同是何绍元老师的学生。此外，何老师严谨出色的管理才能和谦虚谨慎的生活态度也成为他们终身学习的榜样。任冬艳说："正是从研究生的时候我树立了我的人生小目标——每一天都要做更加优秀的自己。"研究生这几年塑造了她的人格和人品，奠定了她从成长、成才到成功的基础。

一路走来，从家乡到哈尔滨、上北京、去法兰克福、来新加坡，任冬艳的一个个远方，是对优秀的一步步追求，是对事业的一步步实现，也铸就了自己人生的一首首诗篇！

志在巅峰的攀登者

哈工大不仅培养了未来工程师必备的严格认真、一丝不苟的工作态度，同时也塑造了哈工大人做人做事的价值观和风格，尤其是真诚和踏实。无论你从事什么职业，抑或开创什么事业，都离不开这诚实做人、踏实做事的根本。任冬艳追求卓越、做优秀的人，正是从脚踏实地一步一个脚印地走来：八年工科和金融专业的教育背景、十六年总行和分行不同岗位的历练、国际和国内的工作经验、前台营销和后台管理多次转换的经历。这些培养了她对市场前瞻的敏锐观察力、出色的管理能力和成熟的领导力。当2012年外派来到新加坡分行时，她能驾轻就熟，很快再次融入国际业务的浪潮，年年考评优秀。短短两年后的2014年，她作为分行负责人全面接手中国建设银行新加坡分行业务。她的出色表现造就了新加坡分行近几年令人瞩目的优秀成绩。

前瞻把握市场机遇，准确定位分行发展。2014年她带领分行提出"一行一式"的转型发展目标和"打造一个新品牌，突破一个新领域，培育一个新优势"的转型方向。不仅准确把握市场机遇，也打造了分行未来发展的空间和基础。"打造一个新品牌"是指打造对公一站式、专业化服务品牌。她带领团队从零开始制订综合化服务方案，对目标客户进行主动营销，获得客户认可，逐步形成市场品牌。发展了大量优质对公客户，客户结构和资产结构均实现了"二八反转"，业务经营风险下降，可持续盈利能力上升，分行的净利差由原来的0.59%上升到目前的0.90%。"突破一个新领域"是指突破私人银行业务领域。从无到有申请业务许可，组建私人银行业务团队，开创合作和经营模式，主动服务私人银行客户，2017年总行在此建立总行级的私人银行业务中心，未来将成为建行在海外的私人银行产品研发中心之一。"培育一个新优势"是指培育资金市场和资本市场的整合优势。她带领投行团队成功转型，参与了20多家企业客户的债券承销；营销到包括多个周边央行和主权基金在内的稳定存款，创新同业借款方式，不断扩宽分行的融资渠道和市场优势。

有效带领团队突破，全面提升竞争能力。从转型方案提出以来，她亲自培训团队，带领团队进行主动营销和产品创新，实现了多项业务从无到有的突破。在团队建设方面，她树立清晰的目标和考核激励机制，严格要求，提升团队能力和主动性。分行在当地的竞争能力明显上升，从原来的中资银行机构净利润排名第五，到如今的净利润排名第二；在建行海外分行系统内，从原来的净利润贡献排名第六到如今的净利润贡献排名第二。

任冬艳参加"慧眼中国"全球论坛

严格规范内部管理，持续提升经营质量。以企业文化建设为引领，带领分行进行了多项内部流程优化和建章建制工作，确保经营合规和高质量，分行各项经营指标和质量持续提升，持续获得总行和当地监管机构的评级提升和肯定。分行资产质量优良，不良率、不良额始终为零；各项管理指标均大幅优化提升，2018年人均利润为246万新元，在本地中资同业中遥遥领先；成本收入比仅为8%，在本地同业中最低。新加坡金管局连续两年对分行的子项风险评级给予降低。她带领的分行领导班子连续多年考评优秀，分行2018年的总行全面KPI考核评价为A+，在所有同类型机构中排名第一，也是唯一的一个A+分行。

主动服务"一带一路"，不断提升银行形象。从零开始与当地政府机构进行洽谈，促成总行与新加坡国际企业发展局、新加坡证券交易所、星展银行签署战略合作；与外资银行合作和创新，服务"一带一路"项目融资，在分行历史上首次成功开展项目融资业务；2016—2018年，分行连续三年在本地市场发行"一带一路基础设施"系列债券，获得很

任冬艳在建行与世界银行联办的"一带一路"论坛上发言

好的市场反响。2017年,她受通商中国邀请,作为"慧眼中国环球金融论坛"嘉宾,代表中资企业畅谈"一带一路"机遇与策略;受邀世界银行和国大李光耀公共政策学院联合举办的"亚洲经济论坛",分享"一带一路"基础设施建设金融服务。

诚愿母校再谱华章

时光荏苒,岁月如梭。在中国建设银行工作了20多年的任冬艳,不仅具备哈工大人功夫到家、脚踏实地的精神,还拥有高瞻远瞩、出类拔萃的领导力。她正如历经寒冬的牡丹在春天始吐芳华,一次次刷新着看似不可能的纪录。虽然毕业多年,但她始终情系母校。年华流转,不变的是学者心;岁月如流,永恒的是师者魂。任冬艳感慨哈工大在百载风雨兼程中越来越强大,衷心祝愿母校百岁华诞之际再次创造金色辉煌,谱写绚丽华章!

哈工大人 **在南洋**

朱红兵
哈工大 92 级校友

HARBIN
INSTITUTE
OF TECHNOLOGY

朱红兵，哈尔滨工业大学 1992 级校友，1996 年毕业于机械工程系机械设计和制造专业。2013 年获得英国曼彻斯特大学商学院 (MBS) 管理学硕士学位。目前任 BCF 新加坡区块链技术基金会会长，关键字科技公司 CEO。

专注于区块链和人工智能应用领域的天使投资人

毕业后的 22 年，朱红兵加入过 3 个公司，创办过 3 个公司，天使投资过 3 个公司，被收购过 2 个公司，首次解决过 3 个问题。1996 年毕业于哈尔滨工业大学机电工程学院（工学学士），毕业分配进入北京建材局下属家具公司做技术员。1997 年在北京汉王科技从事 OCR 衍生产品"汉王名片通"名片识别和管理系统的研发，首次解决中文名片自动识别和分类的问题。2000 年来新加坡加入国际化域名系统公司 (i-DNS International PTE LTD) 负责多语言域名系统客户端的研发，首次解决非英文域名在浏览器和操作系统里解析的问题。2003 年作为合伙人创业成立集思科技公司 (GistXL) 从事机器翻译和教育产品的研发，首次解决手机短信的实时翻译和在线翻译记忆的问题，后被 OCBC 银行关联人收购。2011 年加入 PPLive 负责东南亚产品推广和支持。2013 年创立关键字科技 (Keyword-Tech)，专注于互联网广告，尤其是海外华人人群广告的发布，打造了 PMADX 海外广告试试交易平台。2014 年天使投资 Vishuo Biomedical，专注于基因大数据用于肿瘤治疗，解决肿瘤医生用药和治疗方法选择的问题，2018 年被收购。2015 年共同天使投资 Cash Nice

China，探索众筹众担商业模式降低坏账率。2016年天使投资高科技皮肤检测公司，用大数据解决皮肤过敏和痘痘的问题，增强皮肤的健康。2017年开始启动新加坡的Fundnice业务，专注于中国海外的众筹众担借贷平台业务，新加坡金融管理局已经批准了CMS证券金融牌照。2018年3月份，担任非营利组织新加坡区块链技术基金会（BCF）主席，做"离你最近的链币圈"，主要做区块应用的普及和研究。

"立足当下，总会遇见诗和远方"——这是朱红兵的真实写照。1996年毕业分配进入北京建材局和中科院自动化研究所汉王科技，为了追寻更广阔的天地，几经波折奔赴新加坡，开始了全新的工作和生活。从初出茅庐、满怀壮志，到不断探索、小有成就，到放弃固有、重新开始、开拓出另一番事业宏图，朱红兵脚踏实地、一步一步地实现着自己的事业理想，以"求真务实，崇尚科学，自强不息，开拓创新"的哈工大精神，秉承"行动派"作风，立足当下，至2018年遇见他的"诗和远方"——区块链和人工智能，开始专注于区块链领域和人工智能的投资项目，成为哈工大海外校友中的翘楚。

路漫漫其修远兮，吾将上下而求索

1992年，朱红兵考入哈工大机械工程系，开启了哈工大的学习生涯。当时的哈尔滨，工业氛围气息浓厚，这种环境的熏陶，成就了朱红兵的"理工科"

中学时代的朱红兵（左一为朱红兵）

气质。哈工大作为哈尔滨的城市瑰宝,其"规格严格,功夫到家"的校训与工业城市的精髓完美结合,既延续了城市的风格,也吸纳了城市的精魂,在潜移默化中塑造和培养了朱红兵"求真务实,崇尚科学,自强不息,开拓创新"的精神和心态,更为此后其在事业不断开拓的道路上提供了巨大的内在动力,使他历经艰难险阻,仍不屈不挠。

在哈工大的学习生涯,是朱红兵人生最有意义的阶段。在朱红兵"活泼有趣"的话语中,他谈了许多校园往事,他的话题总是围绕着一些亲身经历的尝试开展,哈工大更像是他实现探索本能的"后花园"。在物资匮乏的年代,任何资源对朱红兵来说都如"珍宝",只要一有空,他便要"浸泡"到学生科技中心,跟老师和同学们探讨如何把哈工大的学生科技活动做起来,共同做技术研究。哈工大严谨的学术氛围、丰富的学习资源满足了朱红兵对知识、技术尤其是计算机技术的探索欲望,这种求知精神也为他之后的事业道路夯实了基础。

哈工大质朴的校风,以及同学之间单纯的感情,也令朱红兵记忆犹新。在物质匮乏的年代,同学之间的无私帮助让朱红兵内心十分感动。作为校学生科技中心副主席,他将课余时间几乎都倾注在了科技中心的活动中,这期间也得到了同学们很多无私的帮助。"那时候每个寝室楼只配备一部电话机,由于我活动事务比较多,时常有人打电话找我,我的室友总是不辞辛苦跑很远去找我接电话,就是这样一件件很小

组织哈工大学生科技中心活动后合影

的事情，让我感受到了同学之间那很单纯、很深厚的情谊。"朱红兵说，"不知是单纯的同学情谊构成了哈工大的质朴氛围，还是哈工大的质朴氛围熏陶了同学们，同学们之间的感情很纯粹，所以就算过了二十多年，那种感动我仍然能深刻感受到，太美好了。"

问及对同学如何评价时，朱红兵说："哈工大的校训，'规格严格，功夫到家'这八个字也足以形容哈工大人的气质了，包括我自己，这种气质鞭策我们做事情求真务实、坚韧不拔，也是我对母校的自豪感来源。"

朱红兵回顾当初前往新加坡之前，参加工作不久的他觉得未来的一切都是未知，但是坚信自己可以把握事业和生活的方向。初入社会，在紧张的工作中，一个想法一直深埋心底——出国深造、继续在另一片不同的天地中开启事业和人生的新征程。"当时工作之余就抓紧时间认真准备托福、GRE等等，最初的打算是去美国，但是不知道签证能不能过，过了第一关，还有数道关卡摆在面前，其实也有一些迷茫。"朱红兵说，"这个时候我的同学联系我，新加坡一家公司做的技术方向刚好和我在做的工作比较吻合，也许是和新加坡有缘分吧，我决定前往新加坡工作。"朱红兵应邀来到新加坡工作，在公司带领技术团队深入钻研技术开发。然而2001年底，由于互联网行业遇冷，公司投资人突然撤资，朱红兵的职业生涯遇到波折，所就职的公司也在裁员，从100多人变为20多人，再变为10多人，最后剩5个人，收缩回到新加坡国立大学的孵化器空间。他也恐慌，焦虑，迷惘。但是"困难才能让人成长，同时也让我重新审视了自己的工作，对IT行业有了更深入的研究和理解，并有意识地扩大自己的社交圈子"。到了2003年初，有人伸来橄榄枝，邀请朱红兵作为联合创始人负责技术开发，共同创业，专注于手机短信息的实时翻译系统的打造。

2004年底，经历了诸多困难和尝试后，朱红兵主导研发的手机短信息翻译软件面世。接下来，他怀着极大的热忱，继续战胜诸多困难，一步一步将翻译软件扩展、完善。在翻译软件取得了成功后，朱红兵并没有停止探索的脚步，他开始涉足在线学习领域。朱红兵凭借自身深厚的技术积累和丰富的实战经验，牵头研发中文在线学习系统，随着研发的深入，技术层面遇到的问题越来越复杂，他继续投入更大的热忱与精力钻研技术、攻克难关。朱红兵很欣赏的一位企业家是马云，马云曾说过："今天很困难，明天更困难，后天一定精彩，但是大多数人会死在明天晚上。"成功的企业家身上总是有很多相同点，朱红兵面对困难的态度就是不放弃，更加努力地工作，克服困难、直到成功。凭借不畏困难的精神、扎实过硬的实力带领技术团队继续深耕机器学习领域，同时也不断学习和探索技术的商业化。"再先进的技术也只有在商业方面成功落地，获取收益，才有存在的意义，才能体现其价值。"朱红兵深刻认识到这一点。这也促使他决定不仅仅专注技术层面，还要深入学习商业领域的知识，于是2010年，他远赴英国曼彻斯特商学院攻读EMBA课程。

2013年，朱红兵创建了关键字科技公司，主营在线视频广告投放等相关业务。在线视频行业经历了多次变革，这些大的变革背景下，朱红兵所经历的变革亦跌宕起伏。这段探索经历中，他几乎从零开始，不断摸索全新的商业模式、学习互联网运营方式，直到迎来互联

投入工作的朱红兵

网流量爆发的时代,同时也达到了他事业上又一个高峰。也正是这段波澜壮阔、跌宕起伏的经历,让他重新思考自己的事业方向,让他渐渐从曾经的"打工者思维"转变成"创业思维",从专注于技术层面到探寻产品研发与商业模式的结合,再到掌控和领导企业经营的方方面面。

2014年,朱红兵利用多年打拼奋斗的经验和资源,开始拓展自己的投资板块。技术出身的他,通过MBA课程的学习以及多年工作、创业的积累,具有十分精准的洞察力和敏锐的商业嗅觉,他的投资主要专注于新兴行业,比如区块链和人工智能大数据应用领域。但是最主要的还是要判断创始人的素质。

2014年年底,机缘巧合,朱红兵与老友郭先生重逢,郭先生正在创业,用第二代基因测序(NGS)的大数据的方式指导医生在治疗肿瘤中使用靶向药。正好朱红兵对这个行业感兴趣,就作为第一个天使投资人入股。半年后,由于团队的努力和市场的预期,公司估值涨了2倍。2018年,公司被收购。

2015年,国内小额信贷行业开始兴起,新兴的行业总是充满着很多机遇与挑战,其中信贷风险控制一直是行业发展面临的一个大难题,这让朱红兵意识到量化个人信用的重要性。"怎样评估一个人能借多少钱呢?找谁担保?怎么发挥关系的信用价值呢?怎么将授信和商业结合形成一个生态系统呢?"他看到了太多太多问题,这些问题背

朱红兵在豫商领袖学院代表新加坡BCF发言

后蕴含的机遇成了他的前进方向——做出这套授信系统。一个个想法、一步步推演、一次次尝试、一点点突破，在不断前进的步伐中，他自主研发的"基于网络平台朋友圈授信实现风控的借贷撮合系统及方法"已经被授予了中国台湾和中国香港的专利，中国大陆和国际PCT专利正在审查之中。一个成功是一段努力的成果，也是下一段征程的开始，朱红兵正带领着投资的公司继续探索"朋友圈授信"，寻找可以落地的商业模式，去建立信贷业务的新生态。

朱红兵在河南豫商学院教学

回顾过往，创业的路途中难免有艰难险阻，商业模式的失败、亏损的困境、合作伙伴的不断磨合，曾经使朱红兵彷徨、焦虑，但是正是这些经历成就了朱红兵坚韧不拔、不畏困难、坚持向前的品质，这些品质也成就了他事业上一次又一次的成功。区块链和人工智能行业正经历着高速发展的阶段，同时也是技术革新、优胜劣汰的阶段，正如奋斗者的人生，经历过"最坏的时代"，坚持着、拼搏着，正在大展宏图、迎接"最好的时代"。

王 庆

哈工大人在南洋

哈工大93级校友

　　王庆，副教授，1975年生，1993年就读于哈尔滨工业大学电化学专业，连续取得本科和硕士学位后，前往中科院物理学院继续深造，于2002年获得博士学位。毕业后前往瑞士洛桑联邦理工学院（EPFL）与Michael Grätzel教授一起工作了四年，之后又前去美国国家可再生能源实验室与Arthur J. Frank（首席科学家）在敏化太阳能电池的方向继续深入研究，取得了丰硕成果。2008年，加入新加坡国立大学，在材料科学工程系担任助理教授、副教授。王庆与他的研究小组一起，多年来致力于能量转换和储存体系中的介观电荷传输研究，特别在纳米晶光电化学体系中的电荷转移动力学方面做了系统性工作。近年来在新加坡国立研究基金会的资助下，提出并发展了基于氧化还原靶向反应的液流电池，为高能量密度的大规模能量储存提供了一个新的思路。

专注科研的奋斗者

我们见到王庆时,他仍然显得特别的年轻,充满活力;一身简单的便服,严谨认真的谈吐,特别是在提起他热爱的能源事业时眼中迸发的热忱,让我们深深体会到一个科研工作者对科学研究的专注和坚持,这也从侧面解释了他在科研上取得的成就的原因。

王庆目前带领的团队致力于新型电池技术——基于"氧化还原靶向反应"的液流电池的研究。这是一种国际首创的电池技术,能极大地提高液流电池的能量密度,对下一代大规模能量储存的意义重大。这种新的液流电池体系打破了液相和固相能量存储的界限,结合了传统液流电池和半固态流体电池的优点,为发展高能量密度的液流电池提供了一个新途径。这种电池独特的工作原理,使得它可应用于不同电池体系,从而发展出更接近实用的液流电池系统。最近王庆与哈工大吴晓宏教授合作,在著名的 *Joule* 杂志上发表了最新的研究结果,该成果有望在较短的时间内完成从基础研究到工程展示的转化。

当被问询,人生中哪一段经历让他至今难以忘怀时,王庆充满感情地回答,当然是在哈尔滨工业大学求学的经历,这是他一生最宝贵的一段时间。1993—1999年,王庆在哈工大完成了本科4年和硕士2年的课程。王庆解释说哈工大有着深厚的工程背景和历史，在课程设置上借鉴了苏联的一些经验，既强调基础学科知识的掌握，使学生打下坚实的理论基础，同时也兼顾实用和实践，达到理论和实践的统一。特别是每个哈工大学生都必须经历的金工实习、电子实习、

王庆与实验室人员在一起

专业实习等实习项目，让人受益良多。纵观当时其他的高校院所，哈工大的课程都是首屈一指、特点鲜明的；哈工大对于本科毕业设计的严格要求，也完美贯彻了哈工大的校训——规格严格，功夫到家。王庆回忆：应用化学系电化学专业，应该是当时全国电化学方向最好的专业之一，当时的许多教授，都是电化学方面资深的专家和成功的企业家，因此从这个专业毕业的哈工大学生在电化学、电池这些领域有着很大的影响力，出现了很多风云人物。这些教授和前辈激励着在校的学生，形成了一个良好的人才循环机制。

出于对母校的感情，自从来到新加坡国立大学任教，王庆就积极促成两校的人才和技术的双向交流。目前，王庆当年所在的应用化学系如今已经变成了化工与化学学院，王庆在海外留学和工作的这些年一直关注着哈工大电化学方面的发展，也和优秀的校友们一直保持着联系，并在毕业20周年的时候和同学们一起回母校重聚。同时他一直心系着师弟师妹们。应哈工大化工与化学学院尹鸽平教授邀请，王教授于2017年7月回母校做了"用于大规模能量储存的氧化还原液流电池"的学术报告，就氧化还原液

年轻时的王庆

流电池的基本概念、应用和最新研究进展做了讲解，从能量密度、安全性和对于大规模能量储蓄的操作灵活性等方面介绍了氧化还原液流电池的优点，也比较了传统锂电池和氧化还原液流锂电池的差别。为哈工大在校大学生了解电化学电池的最新研究进展提供了宝贵的第一手资料。这是一种传承，也是一种鼓励，对于哈工大的学弟学妹们更是一种榜样的力量。哈工大有着系统的电化学教育课程和雄厚的师资力量，这在世界其他大学也不多见。目前电化学能源存储和转换在全球很多国家得到了前所未有的重视。王庆也表达了在电化学的研究和教育方面，希望促成新加坡国立大学与哈工大的进一步合作，同时也欢迎稳扎稳打、基础知识扎实的哈工大学子来新加坡继续深造。

王庆对母校不遗余力的反哺和回报，让我们深受感动。他补充道："哈工大的优良传统在于各专业扎实的基础课程设计、工程方面的深厚基础以及其传承几代的实践精神。这在目前的社会尤其珍贵，我们一定不能忘了我们自己的特色和哈工大精神。要坚持特色，坚持传统，坚持发展，希望广大校友团结一致，回馈母校。"对于目前哈工大的在读学子们，王庆提到，通过哈工大和新加坡国立大学的合作项目，他发现哈工大学子传承了哈工大的精神，即基本功扎实、科研上吃苦耐劳，希望学弟学妹们珍惜在哈工大读书的时光，聚萤积雪，勤学不辍，打好基础，努力提升成绩。王庆鼓励同学们积极地申请与海外高校的合作课程，来海外增长个人的见识和了解国外研究的情况，以便能够更好地拓展自己的眼界，也能更好地回馈母校、报效祖国。

哈工大人在南洋

荣伟丰 黄玉萍
哈工大94级校友

　　荣伟丰，1994—1998年在哈尔滨工业大学电子与通信工程系本科学习，1998—2002年在北京工作，主导研发了多型国防领域重点型号的有线通信系统。2002—2006年，赴法国布列塔尼国立高等电信学校求学并获取光通信博士学位，毕业后移居新加坡。先后在南洋理工大学和新加坡科研局下属的通信研究所（I2R）任高级研究员，并发表多篇SCI论文以及获得多项专利。2010年，离开科研领域，转战工业市场，加入华为公司，并任大客户区域销售总监。2019年开始创业并成立了新加坡派方咨询有限公司（PI^2 Consulting Pte. Ltd.），主要经营在线教育咨询、健康管理、光缆监控检测等项目，已经与新科卫星STE Satellite Hub、CA工程等签署合作备忘录。

黄玉萍，1994—2000年在哈尔滨工业大学电子与通信工程系完成本科与硕士学习，2000—2002年在北京工作，参与了我国第一批个人移动通信标准3G—WCDMA的制定。2002—2006年，赴法国布列塔尼国立高等电信学校求学并获取天线与微波通信博士学位，毕业后移居新加坡。先后在南洋理工大学和新加坡国立大学任高级研究员，并发表多篇SCI论文。2009年应邀回母校进行学术访问与演讲。2013年，为了照顾孩子们的学业，离职在家全职培养下一代。两个孩子都教育得非常成功：长女以全优成绩进入新加坡第一名校——南洋女子中学校，儿子同年考入新加坡天才班。2016年考取国际注册营养师称号，2019年开始与丈夫一起创业并成立了新加坡派方咨询有限公司（PI^2 Consulting Pte. Ltd.），担任公司的首席健康管理师。

规格严格造就功夫到家，百年经历演绎世纪辉煌。祝愿母校青春永铸，风采永远！

哈工大人在南洋

吕丽茹　李维
哈工大 96 级校友

　　吕丽茹，哈尔滨工业大学电子通信工程专业 96 级校友，2006 年获南洋理工大学通信工程博士学位。毕业后于新加坡科技电子公司（ST Engineering）任工程师，后任南洋理工大学（NTU）博士后研究员。2010 年起任日本国立信息通信技术研究所研究员，以科研工作者的身份在无线标准制定行业耕耘，获得 2012 年及 2014 年 IEEE 通信标准协会杰出贡献奖 (IEEE 802.15.4G, IEEE 802.15.4M)，并拥有无线标准制定行业 5 个子领域的投票权。2014 年 9 月起至今，担任新加坡知识产权局专利审查员，曾经手新加坡第一份华文 PCT 报告。

吕丽茹是新加坡历史上前两位获得总统国庆奖章——公共服务奖（PINGAT BAKTI MASYARAKAT，PBM，2015）的女性新移民，这一奖项由新加坡总统直接颁发，用以表彰对新加坡公共服务做出突出贡献的公民。她历任新加坡先驱区公民咨询委员会副主席、新加坡西海岸集选区市镇理事会理事。此外，还是新加坡标新局(SPRING)认证的知识产权管理顾问，美国电子与电气工程师协会(IEEE)高级会员，新加坡IEEE妇女工程师协会副主席（2019年至今）、主席（2017—2018年），及新加坡社科大学(SUSS)客座讲师。

李维，哈尔滨工业大学国际金融专业93级校友，1999年至2001年期间于新加坡国立大学就读MBA，并担任EMBA课程助理。2001年至2004年，得同期校友推荐，担任印尼合成发集团董事长特别助理，管理新加坡分公司的业务；2005年至2008年，加入马光保健集团（Ma Kuang Healthcare Group），担任新加坡/马来西亚首席运营官（COO）。2009年回国创业，于2011年担任韩国NUGA公司福建省总代理。2012年至今在新加坡创业发展，担任新加坡360 Health集团联合创始人及首席执行官（CEO）。目前在新加坡和马来西亚拥有共五间分行。

李维也是新加坡专业手法治疗师协会副会长、世界脊柱健康联盟的新加坡总会副会长、新加坡裕华公民咨询委员会委员、裕廊东商业联合会秘书。多年来，李维热心参与新加坡相关行业及校友会的多项活动，为校友活动出谋划策。2018年，为哈工大新加坡校友会高尔夫球赛捐赠队服；2019年，作为校友会理事负责联系筹备校友会集体活动及纪念品准备。

同乡有幸连理结
夫妻无悔比翼飞

和千千万万新移民家庭一样，吕丽茹和李维在各自的轨道上奋斗拼搏又互相扶持。万水千山终是客，此心安处即故乡。

良人玉姣遇他乡，相识一笑在冰城

1996年福建漳州，从这个骨子里浸染着闽南文化的老城池里，走出了一位向往远方的姑娘。开明的父母给小女儿充分的自由权，支持她前往千里之外的北国求学。绿皮火车上辗转60多个小时，吕丽茹如愿来到千里冰封、万里雪飘的哈尔滨。从那时起，白雪皑皑的北国风光，就成为这位南方姑娘人生中最难以割舍的回忆。

虽然说学习电子通信工程专业是她误打误撞，但是哈工大浓厚的学习氛围对她来说却是成长的温床。在校期间，吕丽茹曾以优异成绩荣获安重根奖学金，被保送至梦寐以求的上海航天局；也曾担任校刊《哈工大人》编辑部的宣传部长，在宣传海报制作期间恣意挥洒天马行空般的想象力。更巧的是，在哈工大当时人数不多的福建老乡会里，她认识了自己未来的先生——李维。多次交流后，发现两人竟然还是高中校友，连高中老师都有几位相同，接触越多，相互的好感也愈加累积。

左上：吕丽茹；右上：李维；下方：哈工大建校80周年校庆合影

彼时大四的李维已经有了出国的梦想，为了学好英语，他在北京报名语言学习班，有一个学期甚至迟到了半个月才去报到。"幸好当时没有查到我。"如今膝下儿女成双的李维，回忆起在哈工大的日子，依旧带着些许年轻人的兴奋。有一年世界杯期间，男生们在回字形的宿舍楼里围着凑单买的电视机看比赛。狭窄的八人寝，如沙丁鱼罐头般，竟塞进了20多名学生。也正是这一年，学生对赛事期间因循守旧的十点半断电传统提出抗议，这一行为促成了后期学校宿舍区提供重大活动或节日期间通宵供电的人性化服务。因哈工大而起的故事有很多，喝着从南到北火车站点的啤酒，一行人嘻嘻哈哈走过了那几年的真真切切，各自奔向远大前程，故事里的人时而相遇，时而相望，彼此却永远保留了最纯真的印象。

世界之大，得遇寥寥知己，已胜却人间无数。"哈工大是一份美好的，没有遗憾的回忆。"若干年后，夫妇俩依然能津津乐道于哈工大的兰州拉面以及朴素的自习教室，想象百年校庆时，带着一双儿女穿梭校园，指认所有故事的起源。

插柳成荫公仆路，巾帼受瞩在南洋

2008年，夫妇俩搬进了位于Pioneer（先驱）的组屋（HDB）。作为政府组建的全新组屋区，新组屋区的成立也意味着社区服务机构职位的空缺。两人机缘巧合填写了志愿者申请表，没想到吕丽茹直接被选中，从此这份志愿者工作给生活增添了别样的风景。"也许是考核组认可博士生的工作分析能力，考虑到高学历人士对社区服务感兴趣难能可贵，才任命我为新加坡先驱区公民咨询委员会主席。"吕丽茹如是猜想。不论个中缘由，她接受了这份社会服务工作的挑战。

努力是成功的基石。此后三届任期，吕丽茹平均每月都会组织1~2场会议，探讨社区生活改善的可能，商议社区活动的组织形式等。她领导组委会成员头脑风暴想出好点子，举办新颖有趣的社区活动；她们从无到有逐步摸索，整理出Pioneer区筹办各项工作的主要流程。六年岁月如白驹过隙，尽管吕丽茹不再担任主席一职，考虑到社区工作还需要她，她便担任副手尽心传授。"社区服务工作需要新鲜血液，需要新的内容，而我会提供我所拥有的经验和体会。"

2015年，凭借多年来在新加坡公共服务领域做出的贡献，吕丽茹被政府授予总统国庆奖章——公共服务奖（PINGAT BAKTI MASYARAKAT，PBM），成为新加坡历史上前两位获得该奖项的女性新移民。她也曾担任新加坡西海岸集选区市镇理事会理事、新加坡先驱区人民行动党妇女团团长等职位，以女性新移民的身份在新加坡政坛上展露锋芒。凡夸彩凤双飞

新加坡PBM奖章（左）和Pioneer社区奖杯（右）

翼，不晓成蝶破茧难。"长期面对烦琐的社区工作，难免有精力不济的时候，但我一想到：居其位，安其职，尽其诚，不逾其度，要对得起别人的信任这样的信条，便振奋自己，身先士卒，以促成各项工作圆满闭幕。"当然，这些成就的达成也离不开丈夫李维对妻子的大力支持。妻子遇到难题时，他会积极分析，出谋划策；妻子工作忙碌时，他会贴心包揽，照料子女。

和得邻里好，犹如拾片宝。社区服务工作不仅带来了政治地位及荣誉称号，也培养了优秀的邻里圈。快乐是越分享越多，痛苦则越分享越少。工作上的不顺心，谈笑间，烟消云散。这是人人为我、我为人人的最好印证。

研经论道无牝牡，术业功名有高低

如果说担任社区委员会主席有天上掉馅饼的好运加持，那么在 IEEE（美国电子与电气工程师协会）承担重要职务，则是一场蓄势已久的奋斗。作为享誉世界的全球最大专业协会，IEEE 吸引了大批专业人士的目光。一则利于了解专业动态，二则享受投稿折扣。在读博期间，吕丽茹便成功申请为学生会员，后续逐级成为高级会员。职业奋斗途中，面对工程界女性较少的局面，她经历了由不解到逐步理解的心态变迁。考虑到加入女工程师协会可以帮助更多的女工程师、女科学家在事业、生活等多方面完善自己，更上层楼，吕丽茹加入了 IEEE 妇女工程师协会，并于 2017—2018 年间当选为新加坡 IEEE 妇女工程师协会主席。

此外，吕丽茹坚信"做一个有用的人，不止为自己而活"这一理念。十五年来，工作几经变迁，她坚持站在新加坡社科大学的讲台上。白日面对前沿学术，检索、开拓、深耕；夜间面对莘莘学子，传道、授业、解惑。线性系统设计客座讲师的工作也让吕丽茹体会到了教学相长的真谛：输出即输入、加工提炼、深入理解的过程，可以在授人以渔之际总结梳理自己的知识体系，享受自我升华之乐，也享受后辈成长之趣。她曾站在新加坡IEEE舞台，为当地的女工程师协会分享经验，鼓励女性从业者向上发展；曾走上新加坡国立大学创业孵化器（NUS Start-up）讲台，与年轻的创业团队分享专业知识，期望以知识分享推动个人发展，推动团队发展，最终推动社会高效成长。

当然，吕丽茹不仅在提升女性发展以及输出知识方面有目共睹，事业方面也不遑多让。十年在通信领域，深耕不辍；五年在专利局力争上游，

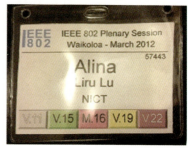

吕丽茹在IEEE领域的工作成就（部分）

博观变迁；未来十年，她希望能继续深入产业，谋求进一步发展。

在日本国立信息通信技术研究所（NICT）工作期间，她业绩斐然，曾因项目出彩获得团体杰出表现金奖（Outstanding Performance Gold Medal Award），也曾获得2012年及2014年IEEE通信标准协会杰出贡献奖(IEEE 802.15.4G, IEEE 802.15.4M)。2010年曾代表NICT在美国奥兰多开会，商讨SFD(Start Frame Delimiter)帧首定界符及同步信号编码相关的标准制定，以调整、升级现有的使用模型。这事关全球的产品标准，各大公司纷纷提出自己的技术方案。盛名已久的德州仪器（Texas Instrument）派出经验老到的Tim上台演说TI的技术，吕丽茹则代表NICT进行技术解说。双方技术优势不相上下，难分伯仲。当场不论，过后枉然。双方代表继续根据技术性能做深入的辩论，最终吕丽茹方获胜，赢得了台下业内人士的认可。事后，当了解到Tim是斯坦福的优秀毕业生时，吕丽茹越发享有成就感。

2016—2017年，在新加坡知识产权局（IPOS）工作期间，吕丽茹被委以重任，前往美国纽约参与IEEE会议，结合专利信息背景，为IEEE文献数据库系统提供技术行业的最新资讯和改进建议。这一系列的建议有效地帮助完善了工程界最大的文献系统。这些事业上的成就不仅改变了吕丽茹，也同样改变了世界。

忆来时，感工大诲人不倦；望前路，愿母校桃李芬芳

人生像是冥冥中有注定，"众里寻他千百度，蓦然回首，那人却在灯火阑珊处"，点点滴滴的奋斗终汇为大成之作。那里铭记着哈工大的馈赠，也饱含着哈工大人的自我奋斗。"规格严格，功夫到家"，朴实无华的校训，是对每个哈工大人基础功底以及专业素养的叨念，也是哈工大人在职业生

涯中深入骨髓的恪守。"哈工大为身处人格塑造关键期的青年人提供了优秀的文化环境以及充足的精神养料。"李维深情感慨。年少的梦在哈工大发芽，人生从青涩走向成熟，从踌躇迈向坚定，从哈尔滨这东方一隅遍布世界各地的广阔天空。

当年谈笑有鸿儒，这才是实实在在的人生，值得被想起，庆幸曾经历。待到百年寿诞日，还来举杯忆酸甜。

哈工大人在南洋

孙广坤
哈工大 96 级校友

　　孙广坤，哈尔滨工业大学 1996 级校友，2000 年获得计算机科学系学士学位，2002 年获得计算机科学系硕士学位，师从李建中教授。2002 年加入神州数码公司软件集团，2004 年到新加坡，先后从业于物流行业和金融行业，目前在中国国家外汇管理局下属的中国华新投资公司任投资部助理总经理，从事主权债券基金管理工作。

感恩,守护平凡人的幸福

缘牵哈工大

孙广坤出生于黑龙江省嫩江县(现为嫩江市),那里是一片广袤黑土,孕育着金灿灿的麦田和豆田,也是广大知青曾经下乡插队挥洒汗水的地方,可当地的物质条件和教育资源相对匮乏,升学率并不高,每个农场只有前几名学生才能有机会升学到高中。从11岁起,孙广坤就离开家开始了住校的生活,这也塑造了他独立的性格。年纪虽小却天资聪颖的他一路前行,在1996年以高分考入哈尔滨工业大学攻读计算机科学专业,开启与哈工大的缘分。

在哈工大,他遇见了一生敬仰的恩师——李建中教授。李教授温文尔雅,执着于治学的学者风范折服了他。在李教授的指导下,孙广坤研究生期间在数据库研究方面进行研究和探索,在研究生毕业时,已经在国际会议上发表多篇文章。

哈工大也是收获爱情的地方。孙广坤的妻子李祯燕是他在实验学院(现英才学院)的同学。两人相知相守,一路走来,从哈工大校园到北京再到新加坡,携手面对生活中的风风雨雨,而今在各自的专业领域发挥特长,服务社会。家庭和美,靠的是两个人相互的理解与付出。每天争取多一点有效陪伴两个孩子的时间,也努力将文化与责任在海外的下一代身上传承下去。

踏实求实,践行专业精神

"规格严格,功夫到家",哈工大的校训指引着每一名曾身在其中的学子以严谨专业的态度对待每一件事。

在校期间,孙广坤与另外两名计算机系同学组队,利用课余时间摸索着训练,代表哈工大首次参加 ACM ICPC 国际大学生程序设计竞赛并获得亚洲赛区第九名,为后继者开了好头。在程序设计、数学建模等竞赛上取

2006年9月新加坡空军基地开放日孙广坤与妻子合影

2018年12月孙广坤等人与李建中教授在实验室成立20周年庆典上

得佳绩之后，孙广坤与其他两名同学一起，以在校学生的身份承接哈尔滨新中新电子股份有限公司的新一代学生金龙卡系统的开发项目。三人作为项目开发的核心团队，与新中新公司的技术人员一起攻克了数据加密、网络对账、实时节点监控等一个个技术难关。当时哈工大的食堂是测试的实验场，每一个食堂都曾经留下过他们调整系统、了解学生反馈的身影。金龙卡集团商务系统于1999年底正式发布，是国内首家推出的校园一卡通系统，引领了高校信息化变革。

孙广坤作为本硕连读的学生，本科期间提前进入实验室，跟随李建中博导，进行数据库方面的研究。毕业后本欲赴美继续求学的他，虽然获得了全额奖学金，但适逢签证政策收紧无法成行，几经思索后选择了到北京神州数码公司软件集团就业，并带领团队完成多个大型项目的系统架构和开发工作。

2004年，为了寻求更好的发展平台，孙广坤离开北京来到新加坡，与朋友一起利用业余时间进行创业。初到新加坡，他明显感觉到新加坡本地与国内的技术发展环境有较大不同。那时候新加坡的科技产业不是国家的支柱产业，更多的技术处于应用层面，高科技发展未成为大趋势，企业的认知程度、重视程度，没有北京等城市来得高，这些都需要进行自身的调整和适应。原定进行创业开发的项目虽然前期进展顺利，但是最后因客观原因无法正式推出，这个时候他面临是否继续留在新加坡的选择，如果留在这里，如何更好地获得个人发展的抉择。

既然来到了新加坡，一个新的国度，就一定要了解这里，适应这里。考虑到新加坡是个把金融业作为主要支柱的国家，金融行业同样需要冷静的头脑和专业技术支持以及业务分析，结合自己的专长，依靠扎

2016年9月孙广坤在墨西哥城，前往财政部的调研途中

实的数学与计算机功底，以及快速学习金融业务的能力，孙广坤考取了特许金融分析师（CFA）及金融风险管理师（FRM）两项高含金量的全球资格认证，并于 2007 年转行至金融行业。他先后供职于渣打银行的全球市场部和中国国家外汇管理局下属的中国华新投资公司，分别从事衍生品定价、新兴市场主权债券市场分析及投资组合管理工作。

转战不同领域，虽然金融业与高科技行业领域不同，但踏实求实、用专业的精神打造自己的品牌的方法一样适用。在华新投资公司，他充分论证了工欲善其事、必先利其器的必要性。协助中国华新建立了全面的投资管理框架，进一步推广至国内总部，引进更科学的组合管理方法，并管理组合平稳度过以色列战争、俄罗斯制裁、波兰反对党上台，以及巴西总统弹劾等历次政治危机。对于每个管理的投资组合，在建立头寸之前，他总是先建立若干模型来密切监控市场，在特定的时期，经常工作到凌晨 5 点。他对市场永远保持敬畏之心，对于开发出的投资策略，不断进行反复论证，查阅文献，模拟数据，连续几年的春节都在电脑前度过。

打造坚实的专业基础，踏实求实，践行专业精神，这一切，都要求持续的求知欲和良好的自律精神。孙广坤自己说："我希望自己永远像学生一样，保持求知的欲望。"他以"不积跬步，无以至千里"作为自己的座右铭，在这个快节奏的社会，几十年来坚持常去图书馆，坚持阅读最新的文献，以持之以恒的态度构建自己的专业大厦。

积极乐观，感恩生活

在不同的时间点，生活给每个人的恩赐不同，也许是鲜花满路，也许是泥泞满身。离开中国在新加坡打拼多年后，孙广坤这样评价自己："我

孙广坤与家人在新加坡裕廊飞禽公园

是一个生活在新加坡的哈工大人,没有丰功伟绩,但求无愧于心,脚踏实地,积极生活。"从性格上来讲,他一直是个无私、热爱分享的人,读书的时候给同学当小老师,当知心兄长,走上社会后分享经验,帮助同事朋友。同时,性格中乐观向上的一面,帮助着他永远看到事物美好的一面。在工作之余,他和妻子对共同建立和谐的家庭怀有共识。一屋不扫,何以扫天下?顾好小家,才更有信心开拓事业,给下一代足够的爱与教育,也给老人足够的关怀。积极乐观地生活,是他们持之以恒的生活态度和生活状态。

如果用一个词来概括目前的状况,也许是"感恩"吧,孙广坤这样进行总结。感恩生活的赐予,也务必要以勇敢、坚韧的生活态度来创造更好的生活。踏出国门,最初来到新加坡的这段经历对于他而言是独特而宝贵的。融入一个新的环境,个中的苦与甜只有亲身经历过才真正体味得到。

在这个美丽的花园国度里,脚踏着坚实的土地,胸怀着赤诚的初心,做一个有担当有贡献的人,也守护好自己的家人,做个好丈夫、好父亲,这就是一个普通哈工大人在南洋的生活与奋斗。

哈工大人在南洋　钱晓林

哈工大 98 级校友

　　钱晓林，河北保定人，哈尔滨工业大学建筑工程管理专业 1998 级校友，英国华威大学数学金融专业 2002 级硕士研究生，新加坡南洋理工大学 2005 级金融博士，主要研究方向为：金融市场和资产定价模型。2010 年博士毕业后，钱晓林受邀任教于澳门大学，后荣升至副教授；2016 年她放弃了来之不易的终身教职和副教授的职位，转战业界。回到全球第三金融中心新加坡后，她加入渣打银行（新加坡）的量化分析团队；2018 年，她入职新加坡瀚亚投资，从事投资量化分析，在金融建模和数据分析方面拥有丰富的工作经验。对于知识，钱晓林总是保持着赤子之心，她坚持终身学习，与时俱进。工作之余，她拿下了 CFA、FRM 等金融界硬通货证书；专业之外，她积极关注社会热点，继续通过网络共享课程学习 AI 技术，并且取得 Deep Learning 课程的证书。

读书旅行
　　　将日子过得酣畅淋漓

有美一人，清扬婉兮。原以为金融行业的"圈里人"都是拎着 Prada 的女魔头，钱晓林温柔知性的气质却完全打破了我们对金融界人士的固有认知。姣好的身材、可人的笑颜，谈吐里贯穿始终的优雅从容，沟通时自然而然的耐心解惑，其业界经验和知识高度都令人心悦诚服，谦逊的待人接物更是体现了哈工大人的低调沉稳。

千里之行，以立学为先，以读书为本

1998 年的高考，得益于哈工大求才若渴的开明风气，命运之手将钱晓林推向了哈工大，她也在父母的引导下进入建筑工程管理专业学习。晶莹剔透的冰灯雪景，热情奔放的异邦风情，自由欢悦的音乐表演，暖意融融的室内暖气……凡此种种，历历在目，沉淀成了自己内心深处的哈尔滨式浪漫。周末有舞会，夏日有啤酒，也曾在冰场快乐飞驰，也曾在江边留下倩影，钱晓林在这里度过了四载春秋。告别哈工大后，

钱晓林加入中建一局集团建设发展有限公司。这份职业完美诠释了世人眼里的香饽饽：正式的工程师头衔，不菲的薪水待遇，珍贵的北京户口，更有青年才俊济济一堂。沿着前人的道路走下去，人生几乎就是指日可待的幸福美满。但很快，行业局限让钱晓林逐渐明白自己所面临的行业天花板，而相对稳妥的相夫教子的人生路径也不是自己期望的未来。不甘于"干得好不如嫁得好"的传统观念，她顶住了各方面的压力，次年飞往英国进入以商科知名的华威大学金融数学专业，寻找她心目中的诗与远方。

钱晓林内心的每一次躁动都表达出自我的觉醒，譬如选择了大众眼中虚无缥缈的金融专业，譬如选择了走出国门，打量外面的世界。从小就喜欢理财的她，从获准管理压岁钱开始就喜欢计算"未来现金流"和"收入支出盈余"。23岁的钱晓林继续了儿时对红包进行"资金管理"的愿望，却也不得不开始用第二语言学习第二专业的辛苦海外求

2002年毕业前夕与大学室友在哈尔滨龙塔合影（右二为钱晓林）

学路。凌晨三点睡，早上七点起，如今烂遍网络鸡汤文的段子，其实只是当年多数留学生的日常。2003年，英国华威大学的金融数学专业刚刚设置不久，为了保证毕业生的质量，在雇主中创立良好的口碑，课程设置涵盖了数学、统计学、经济学、商学这四个学院的专业课程，而四个学院的教授们都默认学生拥有其专业本科生的知识储备。单单下苦功仍然感觉得到课程的吃力，由于自身对金融概念一知半解，她咬牙买下了近900元人民币一本的教材，但生涩冗长的英文版教科书只是进一步增加了她的烦恼。每日披星戴月、闻鸡起舞，可惜结果却是事倍功半。在那个分享仅靠FTP文件传输的年代，没有现如今丰富的网盘资源和共享课程。无奈之下，钱晓林只好借助短暂的圣诞假期，央求父母的理解，坚持回国，奔向魂牵梦萦的西单图书大厦。泡了整整一个下午，她精心挑选了很多专业书籍打包出国，却也不得不为此接受行李超重的罚款。后半程的学习伴随着钱晓林对金融知识和语言的适应渐入佳境，她终于取得了自己比较满意的成绩。

回国后，钱晓林进入了北京某国有大行的投资部门展开相关工作。然而工科出身的钱晓林本着有一说一，甚至有二说一的严谨，在瞬息万变的金融行业里深感自己储备不足，毅然踏上了"8-11-7"的读博充电生涯。读博之路就是一段超长待机的浴血征途，动辄60页的工作论文不断磨砺着钱晓林的能力，她循着学术界大牛的理论模型，耐心分析从庞大的数据库中抓取的数据。艰难困苦，玉汝于成。经过一年半的课程培训，三年的课题深入研究，在数不清的日夜中无限循环着提出假设—自我质疑—数据论证的自我较劲。终于在2010年，钱晓林完成了毕业论文《股票市场的价格发现机制》，论文被美国、欧洲等多个顶尖学术会议接收并进行宣讲，借此她斩获了博士学位。

2010年钱晓林博士毕业照　　　　　　博士毕业NTU

纵观钱晓林的求学之路，在哈工大四年学到的理工科知识为今后的纵深求学发展打下了扎实的基础，加上随后六年海外金融硕博求学路，十年的拼搏苦乐交织。至2010年，钱晓林终于凭借自己近十年所学的理论知识和专业技能，对未来职业生涯和可能面对的实践问题有了足够的认知。"规格严格，功夫到家"的哈工大校训促成钱晓林在求学与从业之路上踏实钻研的稳健做派，成就其凭借自身实力稳稳立足于业界。

翩翩起舞，不牵绊过往，不畏惧将来

在高校工作就不得不面对争取终身教职这道关卡。对此，有一句警语常挂在钱晓林及同事们嘴边——"Publish or Perish（发表还是毁灭）"。这个短句精悍地道出了青年教师所面对的身心俱疲繁霜鬓，字句篇章皆辛苦。枯坐六年冷板凳，钱晓林又一次赢得了挑战，获得留用。埋头苦干的时候思绪全被论文和教学所侵占，拼搏的动力有很

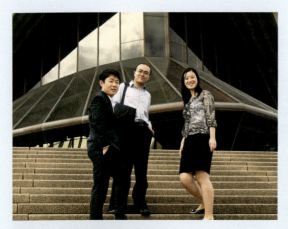

钱晓林在悉尼开会期间留念

大一部分只是不想输。在学术界多年，她发现纯粹的理论研究并不符合自己务实的性格，钱晓林开始重新审视自己的初心，再三自省后，她的内心产生了新的更加契合自我价值的目标——在实务操作中解决实际问题。在这次的分岔路口，钱晓林由心而发，选择了人迹更少的一条。

不忘初心，方得始终。波澜曲折的半生锤炼出任尔东西南北风我自岿然不动的坚韧。放弃澳门大学副教授的职位进入业界从零开始，难免有诸多心理落差，前途也从一览无余转为充满未知，从毫无悬念的安稳转为每天都要面对行业的跌宕起伏。但这些并没有让钱晓林感到后悔或者迷茫，反而因为有机会面对新的挑战而干劲十足。人生总是要面对各种各样的变化，无论主动还是被动，变化是永恒的。人生的乐趣尽在于此，而失去新奇的人生，二十岁就死了，只是等到八十岁才被埋葬。

她曾在传道解惑的三尺讲台上，把多年所学倾力传授给莘莘学子，自己得以收获满满的教书育人的成就感。澳门大学授予钱晓林副教授职位，也是对其教学和科研成就的认可。在学术界实现了自我价值的钱晓林，又将目标转向专业投资实战领域。

还在学术界工作的时候，钱晓林为了进一步扩充知识的广度，曾进行了长达三年的注册金融分析师（CFA）学习，并在2014年，取得了

2017年钱晓林（左二）回到澳门大学课堂和同学们分享自己的经历

钱晓林校友

钱晓林（右一）参加2018普惠金融科技峰会

注册金融分析师资格证书。进而在2016年取得了金融风险管理师(FRM)资格证书。凭借着扎实的理论知识和丰富的建模数据分析经验，2016年9月，钱晓林正式加入渣打银行（新加坡）量化分析团队，她在这两年的工作中小试牛刀、积累经验，进一步打磨自己在量化分析和数据处理方面的技能，更在与相关利益方的交流中历练出难能可贵的市场敏锐度和洞悉力。2018年8月，钱晓林加入新加坡瀚亚投资，主管量化投资分析，为团队提供数据量化分析方案，剔除浓重的主观臆断。她通过对宏观经济政策环境的跟踪以及微观公司金融的数据量化分析追踪，为团队和客户提供及时准确的数据化分析，并且通过评估对投资方案进行迅速合理地调整，提高投资决策的准确度和应急反应。利用数据说话，搜集有效信息，对投资项目做出数据性的可依据分析报告，帮助投资者降低或分散风险，增大赢利可能性，降低亏损风险。

面对项目数十亿甚或数百亿美金的巨额投资，如何设置不冒进且配置合理的投资组合？钱晓林和她所在的团队每日、每周、每月及每季度给出的报告对机构的投资决策起到重要的作用，机构依据量化经济分析报告的数据做出整体而言最为明智合理的投资管理决策。钱晓林也在瞬息万变的金融投资市场凭借努力收获了自身价值实现的喜悦，游刃有余地活跃在金融投资前线。

纵观钱晓林的金融从业之路，无论是起初的博士研究工作，还是后来的澳门大学副教授教学研究生涯，直至如今成为金融投资团队的专业分析师，她都竭尽所能做到最好。每每在危机四伏的投资项目运作中给予各方必要的避险保障，帮助团队选择最佳投资方案，及时应对投资环境的变化，第一时间做出有效决策并及时应对莫测的金融市场，采取必要行动保障各方利益，使投资项目收益达到最合理安全化。

策马驰骋，见山河辽阔，见人间烟火

外物之味，久则可厌；读书之味，愈久愈深。面对大千世界，钱晓林像个好奇宝宝，每一次获得知识的乐趣都给她带来更多的探索未知事物的动力。她会更新博客、分享旅程、分享好奇心；在博士期间，她边忙活博士课业，还会边思考诸如新加坡为什么没有台风光临。对此，同学笑称她"上知天文，下知地理，中间研究空气"。

多少人羡慕钱晓林从学界到业界的潇洒转身，却不知道她为了实现业界学术两开花付出了多少辛苦。跟初出茅庐的学生们一起准备专业证书考试，放弃悠闲的假日悉心钻研学术，连收到期刊编辑的修改回复都能流下幸福的眼泪。没有人会随随便便成功，成功来自彻底的自制和毅力，以及保持终身学习的好奇心。投资界有一句名言，"风口之下，猪都可以飞起来；退潮之后，才知道谁在裸泳"。这在个人

身上也是适用的，人生总是可以有很多机会选择，却只有自己的努力才能让每一次的选择变得值得。

岁月磨去了棱角，经历丰盈了内心。每个女生都曾有过环游世界的梦，多少曾被搁浅，又有多少被拾起。"读书让心有所

俸去书来，落落大观（新加坡家中书橱）

定，旅行让世界在面前展开。可见山河之辽阔，亦可观内心之清净。岁月流逝不过斗转星移的变化。夜晚在星空下扎营，黎明在鸟鸣中醒来。远处有洁白的雪山映衬，门前有清澈的小河流淌。骏马陪在我们的身旁，花海聆听我们欢畅的谈笑，天空的湛蓝沁人心脾……"字里行间就能领会到这位笑意盈盈的女生内心悠然，以视阈展开的步履指向未知的国度、想象的国度。

尼泊尔绵延不绝的雪山，新疆黄花遍地的大草原，法国象征工业的埃菲尔，意大利斜而不倒的比萨塔，钱晓林都一一欣赏过。她曾驱车普罗旺斯薰衣草花田，在浪漫的紫色花丛中迎风起舞；她曾长驻塞纳河边的莫奈小镇，手持木心笔下精美的钥匙；也曾在凡·高画下向日葵的阿尔勒，漫步在历经百年的石板路上。人海茫茫，缓步其中，抬头是万古流转的星辰，低头是千年长守的百家灯火。因为心在远方，只需勇敢前行，梦想自会引路，有多远，就走多远，把足迹连成生命线。

除了每年定期的访山问水，平素的简朴生活也有太多的故事值得钱晓林去慢慢回味。每天的瑜伽，每周的健身，闲暇时的潜水、骑马。"户

2019年穿越新疆孔度努苏

一个人的旅程之法国巴黎圣母院、尼泊尔雪山

外运动让我对未知的世界总是充满勇气和好奇心,瑜伽让我有平静的心情面对压力和变化。"此去经年,经年成昨;此去流年,流年似水。读万卷书,方知学无止境;行万里路,更觉世有美好。

后记

钱晓林始终感恩母校四年的培养,认为母校永远是自己心头的一方热土。对于年轻学子们,她期望青年人,尤其是青年女性,培养终身学习的热情,不要用年龄、用性别给自己设限。

背景为滨海湾金融中心大厦（工作地）和加文纳桥

正如钱晓林在对澳门大学研究生进行的业界工作经历分享会上所言："不管社会怎么进步，不论在世界上的哪个国家，我们今天仍然在面对性别歧视和年龄歧视。而我现在要同时面临这两个歧视。但另一方面，我已经取得了金融专业的硕士和博士学位，获得了过硬的行业证书，还有近 10 年的工作经验；即使生活已经趋于平稳，我还是会在 Coursera 上学习 Deep Learning，现在全民谈 AI，谈机器学习。这不是明日科技，而是今天此时正在发生的变化。我所在的公司里，比我年长、比我职位更高、比我更需要陪伴家庭的人都在不断学习，不断丰富自我。年长的人都在奔跑，年轻人有什么理由停下来玩耍？现在就停下来，也许会在未来的某一天，在回忆青春时，徒留缅怀感伤，悔恨那些被浪费的旧时光。"

郎 君

哈工大人 在南洋

哈工大 00 级校友

　　郎君，四川人，2000—2009 年在哈尔滨工业大学计算机学院攻读人工智能专业的学士、硕士、博士学位；2010—2014 年在新加坡资讯技术研究院担任研究科学家；2014—2017 年在阿里巴巴杭州总部担任部门总监；2017 年 4—9 月，郎君被调到新加坡参与阿里巴巴达摩院在新加坡的初创工作；2017 年 10 月正式转入 Lazada 担任执行副总裁全面负责 Lazada Data Science 部门的技术研发。目前该部门包含 50 人，横跨新加坡、越南和中国深圳、杭州四地，主要负责基于 Alibaba 的底层技术体系。Lazada 目前是东南亚电子商务领头羊。郎君曾在 2008 年获得微软学者奖学金，2010 年中国自然语言处理界的最高奖项——钱伟长中文信息处理科学技术奖一等奖，2016 年淘宝年度创新大奖。

哈工大的难忘时光

回顾2000年至今20年的时光,郎君和哈工大有很多很多的链接和故事。

受哈工大计算机专业的知名度的吸引,郎君在2000年高考时以所在高中全校第8的成绩考入了哈工大计算机学院,在2000年9月来到哈尔滨开始了9年的攻读;本科毕业时以全年级(400人)第二名的综合成绩保送本校硕博连读,加入了社会计算与信息检索研究中心,研二时到微软亚洲研究院访问学习了半年,博士二年级时受邀前往新加坡国立大学访问学习了9个月;

Lazada 2018年1111大促启动现场,与阿里创始人彭蕾合影

博士期间,郎君在学校实验室牵头完成了语言技术平台LTP的研发,而该平台在2010年获得了中国自然语言处理界的最高奖项——钱伟长中文信息处理科学技术奖一等奖。作为在哈工大计算机学院攻读9年的学子,郎君深深感激各位老师的培养和教诲,尤其感谢博士导师李生教授和刘挺教授,实验室共同指导老师秦兵教授和张宇教授,还有本科时引领他进入科研殿堂的苏

小红教授，最后也深深感谢社会计算与信息检索研究中心的所有兄弟姐妹的互相扶持和共同成长。

博士毕业后的 11 年时光里，郎君心系母校，仍保持着和计算机学院的联系，他经常受邀参加学校实验室校友会的各类活动，并在 2015 年 9 月学校实验室成立 15 周年时专程赶回参加庆祝活动，也牵头了阿里巴巴与学校计算机学院的项目合作与互访交流。郎君对母校深厚的感情来自于 9 年的母校学习时光，以及后续的 11 年里不断得到学校老师的指点与帮助。母校的校训"规格严格，功夫到家"，深深地刻印在了郎君的日常学习与工作之中，也为哈工大在新加坡及阿里巴巴的人才印象树立了良好的口碑。

Lazada 2018 年 1212 大促庆功现场

新加坡的生活

目前，郎君和太太及两个孩子，幸福地生活在新加坡这个以华人为主的国家，除了兼顾平时繁忙的工作，郎君尽量把周末保留给家人，徒步、逛公园、去博物馆，在这个热带国家的每个角落都留下了他的足迹。谁说阿里的员工就不能达到事业和家庭的平衡，不能拥有精彩的生活？关键是保持充足的精力，work hard and work smart。郎君的秘诀是

新加坡 2018 渣打马拉松全马终点

持续学习充电、注意饮食和锻炼。他坚持晨跑，并且经常参加新加坡的各项马拉松赛事。马拉松对于他，不仅是一种体能，也同时是精神的挑战，让他不断磨炼自己的意志，从而享受和欣赏一路上不同的风景。

郎君寄语

谈到未来，郎君会继续深入理解东南亚电子商务的业务与相关核心技术的深入创新。AI 是人类的未来，值得全情投入；新加坡鼓励创新，条件优越，工作环境也更好一些，但是新加坡作为东南亚的技术、商业和经济核心，目前也是各类大型公司的区域总部，相关的行业竞争也越来越激烈，不免会有更多的职业竞争，但因此平台和职业选择都很丰富，哈工大学子可以考虑将新加坡作为出国选择之一。

此外，郎君也在一直高度关注母校哈工大的发展。对于学子们，郎君建议大家严格遵守校训，苦练内功，发挥国内学子技术基础扎实的优势，紧跟国际国内技术前沿，并加强锻炼个人表达能力；职业发展路径可以遵循以下原则：第一份工作在大公司经历完整的职业培训；之后选定自己的 3~5 年的发展方向，关键是选定后即要全力以赴地奋斗。工作的同时也要多读书、多锻炼、多注意提高工作效率、培养良好的生活习惯。2000 年 9 月时，郎君入学哈工大，当时赶上了母校 80 周年校庆的尾巴，现在母校的百年校庆已经到来，郎君真心祝愿母校能够蓬勃发展，继续海纳百川，引领世界技术的潮流，期待作为校友的一员能够为母校及新加坡校友会做出一份贡献。母校永远是学子们的骄傲与根基！

哈工大人在南洋

李志伟
哈工大 00 级校友

HARBIN
INSTITUTE
OF TECHNOLOGY

  李志伟，2000—2004 年就读于哈尔滨工业大学管理学院金融与贸易系；2004 年入职中国建设银行大连市分行；2012 年起外派至中国建设银行新加坡分行，现任公司业务部副主管。

  昔日在哈工大埋头苦读的日日夜夜，是莘莘学子永远难忘的怀念。"规格严格，功夫到家"的校训不仅培养了我们的本领，更影响和塑造了我们的人格。今朝在新加坡拼搏奋斗的点点滴滴，是"一带一路"金融前线的回音。我在新加坡工作的几年，适逢"一带一路"国家倡议在新加坡获得积极响应和支持的重要时期。作为建设银行的从业人员，履行国有大行服务国家战略的使命,为"一带一路"提供金融支持责无旁贷。在新加坡,我们携手中新企业,服务社会民生,辐射沿线国家,与母校各院系的校友一道,在新加坡留下我们哈工大人的足迹。

值此哈工大百年校庆之际,感恩母校的培养!感念建行新加坡的恩缘!衷心祝福母校生日快乐!永远爱你!

哈工大人 **在南洋**

潘耀章
哈工大 00 级校友

HARBIN INSTITUTE OF TECHNOLOGY

　　潘耀章分别于 2000—2004 年及 2004—2006 年在哈尔滨工业大学攻读本科和硕士学位，并于 2010 年在新加坡国立大学电气和计算机工程系获得博士学位，主要研究方向为神经信号处理、脑机接口的医学应用以及机器学习理论。曾任 Grab 公司的数据科学主管 (Data Science Lead)、新加坡科技研究局 (A*STAR) 以及 GreenWave Systems 公司的研究员 (Research Scientist)，现任东南亚大型电商平台 Shopee（虾皮购物）的首席数据科学家 (Head of Data Science)。

大数据时代的弄潮儿

萤窗万卷锋难没

说起哈尔滨,那是一个能将冰雪演绎成一种具有浪漫情怀,并且精美绝伦的艺术之城,每到冬天,那些冰雕与城市建筑交相辉映,点燃的是激情,彰显的是文明。带着对冰雪的好奇和对哈工大的憧憬,从小生活在南方的潘耀章来到哈尔滨工业大学攻读电气工程与自动化专业。回忆起哈尔滨的冬天,潘耀章说道:"冬天四五个月里都被白雪覆盖。从10月底开始,我们就得踏雪去上课。当脸颊和鼻头都冻得通红的时候,突然进入温暖的教室,那种幸福感绝不是进入空调实验室可以比拟的。课堂老师抑扬顿挫的演讲和下面的八卦聊天,无一不让人怀念。及至下了课,大家三五成群地奔向食堂,更多的时候是奔向校外的小店。校内外的各种美食至今仍让人觉得满足。"

采访中,"新老中青"四代哈工大人回忆着哈工大最难忘的事,潘耀章提起最多的还是最典型的"哈工大特色"——抢座。哈尔滨的清晨总是透着丝丝凉意,冬天的时候甚至寒风刺骨,但是潘耀章还是会早起去教室抢座,因为她喜欢坐在第一排和上课的老师保持眼神的交流。四年间,她曾为学习微积分做完一大本厚厚的习题,也曾为创新实验而在实验室忙碌到深夜……付出总是会有回报,本科毕业典礼上,潘耀章以"优秀毕业生"的荣誉称号为自己的本科学习交上一份满意的答卷并被保送读研，顺利进入硕士学习阶段。此外，她在学习之余担任学生会宣传委员并培养自己多项业余爱好。在别人眼中，潘耀章瘦小的体内总是蕴藏着无穷的活力。

硕士期间，潘耀章跟随博导王卫教授学习，研究方向是高强度气体放电灯及其电子镇流器系统的建模与仿真，这个课题跟实验室里其他同学的非常不同，因为王老师的实验室多数是专攻电路设计，偏向于动手实验的。作为第一个专注于软件设计和仿真的"吃螃蟹的人"，很多方向都需要自己探索。在硕士期间，潘耀章全面掌握了 Matlab 软件，学习了一系列的建模方法，这些都为她未来专攻人工智能方向打下了坚实的基础。

踌躇满志再出发

硕士毕业后，潘耀章决定出国留学来拓宽自己的眼界，于是她接受了新加坡国立大学向她抛出的橄榄枝，来到这座"花园城市"继续深造。在新加坡国立大学，她接受的是全新的挑战，从电子电器领域转入了机器学习领域。她的博士研究方向是机器学习在医疗方向的应用，尤其致力于脑机接口和脑科学研究。她的研究成果包括通过脑机接口预测和诊断癫痫，并提前干预；对儿童多动症的判断和基于脑机接口的交互游戏治疗方案；以及基于脑机接口的中风后遗症的复建设备。此外，潘耀章还为导师葛树志的社交机器人实验室贡献了多个算法和方案来解决机器人系统中基于机器视觉的人脸识别、表情识别，基于音频的声纹检测等关键技术。

2010 年，当她以一名新加坡国立大学博士毕业生的身份走出校门的时候，大数据和人工智能远没有今日的火爆，深度学习尚在摇篮中。和绝大部分博士毕业生一样，潘耀章也选择在科研机构工作并选择新加坡科技研究局（A★STAR）作为她事业中的第一个"东家"，这份工作持续了四年时间。在 A★STAR 的生活更像是博士的延续。作为新加坡较早开始研究脑机接口的人，她加入了关存泰博士（现为新加坡南洋理工大学教授）的脑机接口实验室，继续通过对脑电波进行时序信号处理和模式识别来对癫痫、中风、多动症等病症进行监控、预测，同时通过对病人进行适当的干预，让病人的神经系统异常逐渐恢复。这些研究成果已经逐步走向了商业化，很多都已授权给创业公司做成了商业化产品。

一路走来，潘耀章的工作始终没有脱离自己所学的专业，她认为学术界的研究还是要比业界超前，尽管真正用到实处还需要更多的积累。而她的几项研究成果的商业化和民用化深深打动了她，她逐渐发现，尽管她仍然饱含对前沿科技的热情，但是让科技落地，改善千千万万人的日常生活更能让她感受到生活的意义。

经学致用志不凡

2012 年，东南亚的打车服务公司 MyTeksi（后更名为 Grab Taxi，现为 Grab）正式成立，经过两年的扩张，Grab 迅速拓展到菲律宾、泰国、越南等东南亚国家。2013 年，Grab 进入新加坡，2015 年 5 月，怀抱着对用技术改善人的生活的美好愿望，潘耀章正式加入 Grab 担任数据科学主管（Data Science Lead），带领团队为公司提供各项业务解决方案。比如深受大众喜欢的 GrabShare 拼车服务，就是由潘耀章团队完成的。对她来说，自己研发的成果能够推向市场并且拥有众多忠实用户是最享受的事情，没有什么能比把自己的算法应用在场景中并切实提高用户的生活质量更激动人心。Grab 作为潘耀章进入工业界的转折点，带给她的不仅是解决新问题的新鲜感，更是创造社会影响的满足感。

2016 年 10 月，潘耀章离开了 Grab，接受了全新的挑战，加入 Shopee（虾皮购物）担任数据科学主管（现为首席数据科学家）。Shopee 是东南亚互联网公司 Sea（Southeast Asia，之前为 Garena）旗下的电商平台，曾获得腾讯投资。

同为电商平台,它将与阿里控股的 Lazada、C2C 平台 Carousell、京东参投的印尼电商 Tokopedia 在东南亚展开激烈角逐。提及东南亚与中国在互联网生态方面的差距,潘耀章分析,这主要体现为资源和人才的相对短缺,以及东南亚的多元文化造成的开发复杂性。做数据要与市场、用户息息相关。例如在中国,研发一套模型可能适用于整个国家的用户,可是在新加坡是不可以的,因为各个国家的用户习惯、文化、语言都不同,不可能用同一套策略和模型打天下。而 Shopee 走到今天,成功的经验也是本地化和定制化。Shopee 的每一个产品,都经过精准的市场调研和用户调查,精心的平台和产品差异化设计,以及独立的算法开发。这虽然会需要团队花费更多的时间和精力,却是保障用户的良好体验的基础。在目前东南亚的市场中,新加坡的人才资源储备是相对很好的,但是由于其市场小而限制了发展,而 Shopee 这样的跨国平台,给新加坡的高端人工智能人才带来了更多的实现自身价值的机会,机遇与挑战并存。

目前,潘耀章在 Shopee 的数据科学部门已经有近 70 名全职的数据科学家,专注于用人工智能技术驱动商业智能和电商平台优化,他们研究的领域包括图

潘耀章携团队举办数据科学竞赛

像处理、自然语言处理、推荐系统、反欺诈与风控、知识图谱等，涉及从基础研究到产品应用层面的多个领域。她的团队已经成为新加坡人工智能领域的一支远近闻名的中坚力量。她的团队不仅仅持续支持着 Shopee 的业务成长，也持续通过举办各种免费的开放给公众的数据科学讲座、开展基础的机器学习课程，来推动人工智能在新加坡甚至东南亚整个区域的进展。2019 年 3 月，潘耀章携公司团队一起组织举办了大型的数据科学竞赛（National Data Science Challenge)，吸引了 5 000 位参赛者，并邀请了教育部长在开幕式上致辞，这对于推动更多新加坡大众对数据科学的热情和了解，起到了很积极的推动作用。此外，她还多次应邀参与相关政府部门对于数据使用规范和伦理方面的讨论和分享，为新加坡乃至东南亚数据应用的进一步规范化和统一化贡献了自己应尽的一份力量。

  10 年的科研经历，最终转到工业界，这对潘耀章来说无疑是一项巨大的挑战。可是在这个新兴行业里，挑战也意味着机遇。她热爱工业界，因为每个问题都是真实存在于当下的生活中的，并且见到成果的速度也相对较快。多年在工业界的经验已经足够让潘耀章游刃有余地对待自己的工作，也让她对"学"与"用"之间的不同有了更深刻的理解。她有能力在业界的道路上继续深耕，越走越远。

潘耀章携团队参加竞赛

耕织焉误持家乐

  时光荏苒，岁月如梭，离开哈工大十三年后，潘耀章组建了自己温暖的家庭，对幸福的定义也有所改变。对她而言，幸福不单单是事

潘耀章与业界人士讨论分享专业知识

业的进步和物质水平的提高,更是孩子们在沙滩上玩耍,是全家人节假日的团聚。

　　作为两个男孩的母亲,尽管平时公务繁忙,她总是尽量保证有家庭时间,对孩子们和家人给予高质量的陪伴。潘耀章的两个孩子目前都在新加坡有名的小学——英华小学上学,除了日常学业以外,他们也积极参与各种课外活动,比如参加学校的乐队和足球队等。作为一名新时代女性,潘耀章能很好地平衡事业和家庭之间的关系,虽然工作中的潘耀章是一个名副其实的"女汉子",但在孩子面前她永远是温柔慈爱的。她会陪着孩子们学钢琴、画画,也会在闲暇时为家人调制浓香美味的咖啡。生活是一本精深的书,别人的注释代替不了自己的理解,可潘耀章正在细细品读着这本"书"……

潘耀章与家人

回首春晖劝来人

百年校庆之际,潘耀章为母校的百岁生日献上自己的祝福。回首过往岁月,潘耀章十分感恩母校当年为自己创造的宁静致远、优雅舒适的学习环境,以及打下良好的科研基础,和养成优秀的工作习惯。虽然已经毕业,但每每听到母校的喜讯仍然感到无比的自豪,她正在不断努力着来兑现那份"规格严格,功夫到家"的承诺。在新加坡期间,母校的几次校园宣讲,她都积极参与,并且与母校的各位来新加坡访问的老师深入沟通,因为她希望能知悉母校的最新进展和各种研究成果,并且深深地为母校的发展感到开心和骄傲。

同时,她也为年轻学子们带来了中肯的建议。在大学生活中,学习是主旋律,要勤学广识,将"业精于勤荒于嬉,行成于思毁于随"铭记心中,去充实、丰富自己的知识,学好专业技能,并将所学理论知识转化为具体的实践,不断超越自我、完善自我,用知识的风帆来鼓动心灵之舟,逐渐实现自我价值。千里之行,始于足下,不要怕路途遥远,也不要怕暂时的迷失和没有目标,只要你每天都在学习、在进步,每天都成为一个更好的自己,你就是踏踏实实地在前进。岁月不负有心人,所有现在的积累,最终都会塑造未来更成功的你。

胡澄澄

哈工大人在南洋
哈工大 03 级校友

HARBIN INSTITUTE OF TECHNOLOGY

　　胡澄澄，辽宁沈阳人，2003—2007 年就读于哈尔滨工业大学市政学院给水排水专业，毕业后保送到同济大学环境学院市政工程系攻读硕士研究生。2011 年获得新加坡政府奖学金，开始在新加坡南洋理工大学（NTU）攻读环境工程专业博士学位，2014 年赴美国华盛顿大学（UW）访学一年。目前，在新加坡国家科技研究机构（A★Star）做研究员。

难忘母校情

在哈工大读书的日子，多姿多彩的校园活动极大地丰富了我的人生阅历。忘不了一起筹办"201讲坛"活动、编写《采薇十年》的那些伙伴和那些时光；忘不了在市政学院的实验楼做实验的情景和毕业设计画图的九号楼；也忘不了在三食堂和学弟学妹们共唱《水手》一起团建的欢乐时光……哈工大"规格严格，功夫到家"的校训，一直激励着我们所有离开的哈工大人。2017年毕业十周年的时候有幸再次回到母校，看到曾经的老师，看到熟悉的操场、三公寓、五食堂，一切都在变化但是也都保留着曾经的美好回忆……感谢哈工大在青葱岁月带给我们最优质的教育和培养！借新加坡校友会的组织号召，在这里祝母校百年校庆活动圆满成功！祝愿母校积历史之厚蕴，不忘初心，宏图更展，新时代下再谱华章！桃李不言满庭芳，弦歌百年今又始！

哈工大人 在南洋

唐宇攀
哈工大 06 级校友

HARBIN
INSTITUTE
OF TECHNOLOGY

  唐宇攀，1987 年生，2006 年入学哈尔滨工业大学化工学院高分子材料与工程专业，就读本科。2010 年在新加坡国立大学综合科学与工程研究生院攻读博士课程，于 2014 年取得博士学位。目前任职于新加坡 Century Water Systems & Technologies Pte. Ltd.，同时也是新加坡 MemPure Pte. Ltd. 以及杭州惟创科技有限公司（WeeTech Innovations Co. Ltd.）的联合创始人，主要负责膜分离技术的产业放大及市场推广。其研发的 PervaPureTM 系列中空纤维渗透脱水膜产品和 NanoPureTM 系列中空纤维纳滤膜产品已成功推向国内外市场。唐宇攀在前沿膜技术领域具有丰富的研发经验，至今共申请发明专利 8 项，发表高水平期刊文章超过 20 篇，曾获得陈嘉庚发明奖、中国教育部"春晖杯"中国留学人员创新创业大赛优胜奖、浙江省海创园 C 类海外高层次人才、欧洲膜协会青年学者奖和会议资助奖、NGS 全额奖学金、中国国家奖学金等诸多奖项。

初心在方寸　咫尺在匠心

冰城时光

作为鹤壁市当年的理科高考状元，唐宇攀毫不犹豫地选择了清华大学作为自己的高考志愿，但是遗憾的是，他仅以三分之差被拒之门外。在他彷徨之际，爱惜人才的哈尔滨工业大学向他抛来了橄榄枝。为此，他一直对母校心怀感激之情，他回忆道："哈工大作为全国唯一的有这样特殊政策的高校，其海纳百川的胸怀，让我对哈工大的第一印象非常深刻，我为我能成为一名哈工大人而骄傲一生。"2006年，怀着一颗新奇而又热切的心，他来到北国冰城哈尔滨，并在此度过了让他一生难忘并受益的本科四年。

大学带给了这名高中学霸完全不一样的新鲜体验。在哈工大，他参加学生会和各种社团，组织并参与学校和院系活动，钻研实验室科研项目，投身社会实践和志愿服务，他对这些事情乐此不疲，把大学生活过得多姿多彩。他解释说："大学的生活对我来说，就好比一盒巧克力，我要逐一品尝，才能决定自己最喜欢和最适合吃哪一颗。"在这些活动中，他在科研、活动策划和组织管理等方面初展才华，也开阔了自己的

本科学位授予仪式

眼界。例如，他很早就开始培养自己在科研方面的兴趣。他在大二学年参加了大学生创新性实验计划项目，获得团体二等奖，并发表一篇学术论文。之后他主动要求到本科导师邵路教授的实验室做研究。长期的科研熏陶，不仅激发了他对于水处理技术研究的浓厚兴趣，也坚定了他投身科研、出国深造的决心。大学四年，他共获得各项奖励和荣誉20项，这是对他大学四年辛勤付出的肯定，也是他活出精彩的完美注脚。

回想起哈工大四年，唐宇攀认为哈工大"规格严格，功夫到家"的校训和严谨的实事求是的校风，融入了他的血液，塑造了他的三观，丰富了他的精神世界，更为他将来的求学路和创业路打下了重要的基础。

南洋风情

留学新加坡，学习国际前沿科技是唐宇攀在大学期间为自己定下的目标。他为此不断地积累着自己的能量。扎实的基本功，优异的科目成绩和坚持不懈的英语学习，加之本科的科研经历和发表的论文，使他在新加坡国立大学申请中，能够脱颖而出，获得了 NGS 全额奖学金。不得不说，机会永远留给有准备的人。大学期间全方位的自我提升，是他能够顺利踏上下一个人生阶梯的法宝。

获奖证书

新加坡国立大学

博士入学后，他坚定地选择了膜分离技术作为科研方向，师从新加坡工程院院士、世界著名的膜分离专家钟台生教授。在博士期间，他作为工业项目负责人，承担了多个工业研发项目，致力于构建各种环境和能源相关解决方案，开发了多种新型渗透汽化、超滤、纳滤和反渗透膜材料和系统，并成功应用于生物燃料提纯，以及含硼水体、采油废水、印染污水、重金属污水等特种污水处理和海水淡化等方面。博士期间，他发表了多篇高水平期刊论文，并申请了三项专利，可谓是硕果累累。

对于博士阶段的学习，唐宇攀用一个词描述，就是清苦。他解释说："清就是清心寡欲，苦就是甘于寂寞，为了心中的理想，选择放弃某些诱惑，这种生活，在别人看来很苦，自己却甘之如饴。"从他的话可以

读博期间与研究小组在实验室合影

陈嘉庚青少年发明奖颁奖晚会

看出,他从一踏入博士征程,就深刻明白,科研就是要心无旁骛,求实求严,厚积薄发。在这方面,唐宇攀对自己在哈工大所受的影响感触良多。他说:"哈工大人有一种特有的气质,就是敢想敢做,精益求精,这种气质和科研人员非常契合,因此,哈工大精神对我后来的科研工作助益很大,也是我一直以来能不忘初心、秉承匠心、潜心科研的动力来源。"唐宇攀说,他最崇敬的人,就是两弹一星元勋之一,也是哈工大的校友——孙家栋院士。他说:"孙家栋院士和他们同一代的科学家们,为了国家的国防事业,一代人筚路蓝缕、艰苦奋斗,几十载风雨兼程、春华秋实,是我们后辈人学习的榜样。"

修身立业

博士毕业后，唐宇攀顺利留校，在能源环境与医药分离膜研究中心做研究员。这期间，他一直在思考自己怎样才能更好地发挥才能、服务社会。他想到了创业，把实验室的早期技术变成产品，为节能减排的目标贡献力量。因此，在做研究员之余，他带领四个同事，在新加坡国立大学创业孵化中心开始了新的创业征程。他们充满无限热情地四散到各个行业的公司去考察调研，评估现有市场的需求和空白，以及对自己技术的不断打磨和改造。在这个过程中，他逐渐认识到市场需求对新技术的挑战性很大。他说："一个新技术，从实验室小试到最终的定型产品，中间的技术放大阶段就是一个死亡谷（death valley），很多技术会在这

唐宇攀与创业团队在 NUS 创业支持平台——国大企业机构（NUS Enterprise）

个死亡谷中遭遇瓶颈，主要原因就是技术和市场的对接出现问题。"于是，他把目光放在了寻找一个合适的平台上。机缘巧合下他认识了现所在公司的CEO刘军先生。刘军先生创立的新加坡世纪水技术与系统有限公司（CENTURY WATER）是新加坡及东南亚地区知名高端工业水处理的高科技工程技术公司，业务覆盖半导体和制药行业的超纯水生产和高难度的污水处理、石油化工、煤化工污水的零排放及油水分离等。唐宇攀对他们第一次的见面、刘军先生的求贤若渴印象很深，长达三个小时的交流，从行业现状到技术革新，从公司目标到未来规划，他们一拍即合，建立了新技术研发中心，通过技术授权和自主研发，成功推出了多个应用于工业水处理、家用净水、生物燃料提纯方面的前沿技术。

唐宇攀博士研发的专利产品——中空纤维渗透汽化脱水膜

　　唐宇攀介绍说，新能源和环保一直都是中新两国政府最关注的领域。比如新加坡的新生水（NEWater），就是利用膜分离技术对市政污水进行回收、过滤、再生，使之清洁并可供人饮用的水，是水资源循环再利用的典范。唐宇攀介绍说，新加坡新生水及海水淡化的纯净水成本只有中国的1/20，源自于新加坡在膜分离技术方面的先进性和创新性。他愿意为两国在这些方面的技术交流贡献一份微薄的力量。因此，他作为联合创始人，同刘军先生及其他合作者一起在中新两地各创办了一家科创型环保技术公司，以便迅速地把自己的先进技术推广到两地的市政和工业市场，为节能减排事业添柴加薪。自创办公司以来，他钻坚研微、焚膏继晷，取得了渗透汽化用于溶剂脱水技术上的重大突破，申请了5项专利，并且该技术已经在新加坡、中国和韩国等地打开了市场。唐宇攀说，做新产品开发，需要的就是惟精惟一的工匠精神，才能日滋月益，不断创新，打造国际一流的科技成果，因此，他给其中一家公司取名叫惟益创新科技（简称惟创科技），以此打造公司精益求精的科研文化。唐宇攀坚信，他从事着一份有益于全人类的事业，他愿为此奋斗。从大学时的科研初体验，到读博时的执着深耕，再到创业时的栉风沐雨，他不忘初心，坚守在分离膜技术的前沿阵地，秉承着哈工大学术人的匠心，誓要打造一片"碧水蓝天"。

对哈工大在读学子的建议

大学时代是三观形成的关键阶段，希望学弟学妹们把握好美丽的四年时光，高瞻远瞩，博学广闻。希望你们毕业的时候，简历上面写满了对大学四年最美的诠释，希望彼时的你们可以自豪地说："大学我没有虚度。"

对母校的谏言

母校哈工大，处一隅而名扬宇内，专一科而登峰造极，靠的是求真务实的求是精神和精益求精的治学之风。希望母校能够继续发扬"规格严格,功夫到家"的校训精神,与时俱进,推陈出新,将创新之树深植于治学传统的肥沃土壤中,建成世界一流的学术殿堂。

哈工大人在南洋

张 楠
哈工大（深圳）06 级校友

　　张楠，1981 年出生在孔孟之乡山东省济宁市，祖籍济南。本科就读于中国矿业大学（也是他父亲的母校）电气工程与自动化专业；2002—2005 年，就职于浪潮集团济南及香港研发中心；2005 年加入华为公司，在深圳总部工作七年，从事研发及项目管理等工作；在深圳期间，于 2006 年就读哈工大深圳研究生院，2009 年毕业；2014 年，因工作调动再一次南下，"下南洋"来到新加坡，在华为新加坡公司担任运营总监，至 2017 年底离职。目前全家定居新加坡，正在开拓自己的事业。

新加坡安诺智能科技 CEO

哈工大的基因

报考在职研究生的时候，我已在华为深圳总部工作，因为工程师的情结，工科院校是我的目标。教育资源是深圳一直以来的短板，除了深圳大学，缺少高水平院校。在 2005 年的时候，深圳引入了清华、北大和哈工大三所院校的研究生院，在西丽建起了深圳大学城。我的备选就是两个：清华、哈工大。清华可能是每一个工科学生的梦想归宿，但是务实的个性让我选择了更加适合自己的哈工大。另外，因为在华为公司的很多同事毕业于哈工大，他们身上的品格，也让我坚定了哈工大这个选择。

同一项目组的靳阔，是哈工大通信专业硕士毕业，在他身上我感受到了哈工大人"规格严格，功夫到家"的品质，他专业知识扎实，动手能力强，而且为人低调朴实，迅速成为我们研发团队的骨干，是我的学习榜样。另一位更加杰出的校友——李英涛，曾担任华为中央研发部总裁，我有幸给他做过工作汇报。我非常认可他总结出的"工程商人"的观点，这也被任总多次引用并提醒研发人员，不但要有技术人员的功底，还要有商人的头脑,解决客户痛点、满足客户需求的产品才是有价值的。

张楠和多年好友靳阔

从2006年开始的前两年里,每个周末,我都要"长途跋涉"到西丽深圳大学城,一整天的学习,累并快乐着。和北国风光的哈尔滨不同,深圳校园是典型的岭南风格,西丽盛产荔枝,每年6月,满园荔香,至今难忘。

在哈工大三年的学习时光,有三位老师对我有很大的影响,他们是张钦宇、许洪光和汪洋。张钦宇教授是电子与信息工程学院的院长,哈工大本科、日本国立德岛大学博士,他的父亲是哈工大鼎鼎大名的张乃通院士。

硕士毕业照,摄于2009年哈工大深圳研究生院

张教授是哈工大深圳研究生院的缔造者之一,长期扎根深圳,是令人尊敬的"创业功臣"。许洪光教授是我的导师,在许教授

的指导下，我的项目答辩如期完成。许教授有着丰富的产学研经验，对我们几个在职攻读硕士的同学，帮助和启发很大。汪洋在我读书的时候是一名深研院的博士后，给我们代课，他儒雅的风范让我印象深刻，当时他从事的研究在国际上都属前沿，后来他被破格提拔为教授。

感恩哈工大的培养，给我插上了飞翔的翅膀！

一路向南　来了就是深圳人

2005年我怀揣着梦想，来到了特区深圳，一待就是十年，深圳人的身份让我感到骄傲。深圳拓荒牛的精神在感染着这个城市的每一个人。深圳包容和开放的性格，吸纳着来自五湖四海的"掘金者"。幸福是靠双手努力得到的，每个深圳人背后的故事都很精彩，这个城市不论资排辈，不迷信学历，不看背景，要的就是努力的态度和脚踏实地的拼搏。

摄于深圳，张楠的第二故乡

感恩深圳,让我在这里安家生根。

从华南到南洋

本来以为深圳会是我的最终归宿,但是命运总是那么难以预测,在深圳生活了十年的我一路向南,"下南洋"来到新加坡。这里要说一下我名字的来历。我的父亲是济南人,老三届,下乡知青,后来在济宁参加工作、成家,没有再回济南。我的奶奶一直盼望着我们有朝一日能够回到济南生活,在给我起名字的时候,她用了"楠"这个字,一方面是希望我像楠木一样坚韧,另一方面是希望我能"归根"。大学毕业,我确实实现了奶奶的"夙愿",第一份工作是在济南;但是北方人的保守和中庸,加上国有企业的墨守成规,让我觉得成长空间有限,于是我这个"鲁人"开始了"南渡",开始了冒险,开始了自我挑战。我很遗憾,

一路向南:拜访澳大利亚客户

可能让奶奶失望了。

我和新加坡　中国香港 or 新加坡

因为曾经在香港工作过的缘故，我对香港有一种难以割舍的情怀。2003年，我被派驻浪潮集团香港研发中心。一个刚毕业的年轻人，突然来到了一个高度发达的文明体系，很多观念被颠覆，香港对我的人生观、价值观有着很大的影响。眼界决定境界，年轻人应该多出去走走，拓宽视野。香港是中西方文明汇聚的东方明珠，它是个缩影，兼容并蓄，在香港我得到了很多的感悟和收获。

2014年春节，我们一家人到新加坡旅游，那时孩子刚满一岁。新加坡给我和太太留下了深刻的印象——干净、整洁、礼貌、平和，太多的辞藻可以用来形容新加坡这个国家和它的人民。李光耀让这个小红点从落后到发达，我觉得社会机制和教育体系的强大一定起到了决定性作用。到新加坡生活，这个念头逐渐在心中燃起。

机遇总是青睐有准备的人。2014年4月，我在华为内部看到招聘广告，新加坡需要一人负责地区部企业

2003年结缘香港：浪潮集团香港总部

业务的运营管理，机会来了。我决定试一试，然后很顺利地通过了面试。我又一次先斩后奏，接下来就是要给家人解释了。不确定性，这是一个前几年很热的话题。其实不确定性不能说一定就会有坏的结果，不确定性也预示着机遇，机遇也可以给个人带来成长。如果还在深圳华为总部继续工作，我觉得上升的空间已经不多，如果外派海外，新的环境下，个人的潜能会被激发。我跟父亲有了一次长谈。感谢我的父亲。他一直鼓励我闯出一片天空，成就一番事业。其实心有不舍，儿子出生的两年里，我的父母帮我们照看孩子，与我们朝夕相处，这是在大学毕业后从来没有过的，心里很踏实；但是我又要离开他们了……在这里要感谢我的太太，不论是去深圳还是来新加坡，她都默默地支持我，照顾好我们的小家庭，很不容易。

张楠一家三口

终身学习

我的两个硕士学位都是在业余时间读完的。我认为，工作中你会更加清晰地认识到自己的"短板"，利用业余时间来读书，是很有价值的"投资"。终身学习，受益终身。

第一个硕士是在哈工大深圳研究生院读的，当时的需求是想学习通信专业的知识。因为加入华为后，负责的工作是窄带通信（TDM）的硬件开发，而我在之前的公司从事的是服务器等计算硬件的开发工作，缺乏通信方面的专业知识，未婚、年轻、精力充沛，于是就选择了报考哈工大的在职研究生，开始了通信专业的求学之路。

第二个硕士是近几年完成的，2016年我被新加坡南洋理工大学创新与创业硕士（MSc TIP）课程录取，用两年的业余时间，完成了一次难度更大的转变。TIP课程在NTU已经有十多年的历史，通过这个课程，学生可以掌握很多实践知识，从创新的想法，经过需求分析、产品特性设计、产品开发、市场营销、财务预测/融资、商业/收入模式等过程的分析，形成可行的商业计划书，整个创立和管理Start-up公司的过程是一个很有启发和激情的学习历程。之所以当初选择这个课程，是希望自己可以更加全面地了解公司的运作，没有预料到的是，自己真的走上了创业这条道路，真是"无心插柳"。

2018年获得新加坡南洋理工大学硕士学位

华为儿女英雄多——奋斗不息的研发团队

华为人

我在华为公司工作了13年，自己深深地被这家公司影响，"华为人"成了自己的一个标签。

以奋斗者为本的文化，让"华为人"养成了艰苦奋斗的品质，脚踏实地，责任结果导向，面对困难敢于"亮剑"。不论是在研发，还是在市场一线，有太多难忘的故事让人追忆，"胜则举杯相庆，败则拼死相救"，成功的背后有太多的汗水和泪水。

华为的经历,宝贵的财富

在华为，有一个非常好的"工具"，就是自我批判。这个导向不简单，批评别人是容易的，自我批评就"难以启齿"了。但是，从任总开始，高级领导带头每年开展这个活动。敞开心扉，正视不足，才能带领团队突破和超越。如今我自己创业，作为公司"一把手"，我也会在年度总结的时候自我批判，对未来怀有敬畏之心，让自己心态平和，才能看到问题、解决问题，更上一层楼。

感谢华为公司，身处一个快速成长的公司，你能在短时间内学习到大量的知识，积累难得的经验。我到现在都还保留着阅读任总文章的习惯，从中汲取智慧和力量，领悟华为成功的秘密。

做自己想做的事情

2018年，对于我是一个重大的转折，我在新加坡创立了安诺智能科技公司，从事光电产品的研发，面向公共安全和医疗行业应用，从此走上了创业这条道路。建立自己的事业，可能是很多人的终极理想；过去，

参加2018中新人工智能高峰论坛

对我而言，创业也只是偶尔灵光一闪的念头。如今走出这一步，很多人问我勇气从哪里来。我觉得有几方面的考虑：

一、喜欢创造新产品，工程师背景的自己对于创新极富热情。

二、曾经在多个职能岗位的工作经验，使我判断自己具备公司运作管理的能力。

三、受雇的身份让我感受到职位越高，能学到的东西越少，很多时候在忙于处理"内部关系"，不是自己喜欢的状态。

断舍离，跟过往说再见，开始新的轨迹，我觉得自己骨子里还是喜欢挑战自我。前路虽然充满荆棘，但是百炼成钢，我不后悔。

哈工大人在南洋

岳程斐
哈工大 09 级校友

岳程斐，1989 年 2 月生，山西阳泉人。哈尔滨工业大学 2009 级首届英才班学生。2013—2015 年于哈尔滨工业大学卫星技术研究所读研。2015—2019 年在新加坡国立大学读博并取得博士学位。主要参与了新加坡国立大学第一颗微卫星 Kent Ridge-1 和新加坡国立大学第一颗学生立方体卫星 Galassia 的研制。现为哈尔滨工业大学（深圳）航天科技研究院、空间科学与应用技术研究院副教授，主要从事新概念航天器设计、航天器姿态控制系统设计和空间服务机器人系统研究。

本科到研究生六年的学习，系统性地构建了他的"三观"和为人处世之道。"规格严格，功夫到家"的校训深深印在他的身上。在外求学的过程中，每每念及母校对自己的培养，岳程斐就立志为母校的发展略尽绵薄之力。在母校百年校庆之际，他祝母校：

"载道兴邦，缔百年名校；厚德育人，孕桃李芬芳。"

孙 路
哈工大 10 级校友

　　孙路，黑龙江省哈尔滨市人，2010 年至 2014 年就读于哈尔滨工业大学英才学院电气工程及自动化专业，获得学士学位；2014 年至 2018 年就读于新加坡国立大学电气及电子工程系，获得博士学位。孙路现任职于南洋理工大学能源研究所，担任研究科学家，主要从事鲁棒数理统计、鲁棒控制、自适应控制、分布式控制及其再点网上的应用方面的研究工作。孙路喜爱享受别人的烹饪成果，尤其喜爱川菜、鲁菜、淮扬菜以及日式料理。

哈工大人 **在南洋**

郑志敏
哈工大 10 级校友

  郑志敏，2010年3月—2015年5月期间，在哈尔滨工业大学能源科学与工程学院下属的燃烧工程研究所攻读博士学位。毕业后，于2016年9月—2019年9月来到新加坡国立大学机械学院从事博士后工作。

  这三年期间，通过校友会举办的各项活动，我结识了很多优秀的校友。通过时常与他们交流，更加深入地了解了新加坡的方方面面。更重要的是，校友们在新加坡良好的风貌、优秀的品质和杰出的成就，深深感染并激励了我。同时，在生活和工作上，校友们也给予我以及我的家人很多支持和帮助。在这里我表示由衷感谢。在哈工大读书的岁月，依然记忆犹新。如今，我不忘导师的教诲，时刻铭记学校的"规格严格，功夫到家"校训，无论走到哪里，都希望能继续发扬哈工大人自强不息、艰苦奋斗的作风。值此母校即将迎来100年华诞之际，我在这里祝福我的母校明天更加美好，更加辉煌。也祝愿我的老师们身体健康，桃李满天下。

哈工大人在南洋

窦彦昕
哈工大 11 级校友

  窦彦昕，湖南省郴州市安仁人，2007—2011 年本科就读于东北大学应用物理学专业，2011—2013 年硕士就读于哈尔滨工业大学粒子物理与原子核物理学专业，2013—2018 年博士就读于哈尔滨工业大学电气工程专业，奉献于大科学工程空间环境地面模拟装置，2015—2016 年期间获国家留学基金资助留学澳大利亚墨尔本大学物理学专业。博士期间研究的离子加速器微束线技术，将为空间科学中的离子辐照效应和生物医学中的低剂量辐射效应等科学问题提供直接的研究平台，擅长束流光学设计和离子与物质的相互作用模拟，具备独立操作串列加速器和束线终端的能力。兴趣广泛，酷爱羽毛球、台球和美食（尤其是锅包肉）。现任职于新加坡国立大学物理系离子束应用中心（CIBA），职务为 Research Fellow，研究兴趣为微纳米尺度高能离子束技术及应用，希望在海外所学日后能为祖国和母校有所贡献。

哈工大人在南洋

魏昊宇
哈工大 11 级校友

HARBIN INSTITUTE OF TECHNOLOGY

魏昊宇，2015 年本科毕业于哈尔滨工业大学能源科学与工程学院。同年进入新加坡国立大学机械工程系攻读硕士学位，2016 年硕士毕业，留居新加坡工作。2016 年至今在台达电子工业股份有限公司（新加坡）研发中心工作，任生命科学课题组研发工程师。课题组主要产品为便携式基因即时检测诊断仪器，个人主要负责的研发领域包括机电结构设计、温度控制模组设计、流体驱动装置测试、原型机系统整合测试。目前已与人合作发表新加坡地区专利 2 个，中国台湾地区专利 2 个，另有中国大陆地区和美国地区若干专利在审。

杨 力
哈工大 12 级校友

　　杨力，黑龙江大庆人，哈尔滨工业大学2012级电气学院电气工程及其自动化专业本科，2016年本科毕业后来到新加坡南洋理工大学（NTU）读电力工程（Power Engineering）专业研究生。2017年研究生毕业，进入联发科新加坡分公司，做集成电路设计的后端物理设计。2018年加入哈工大新加坡校友会大家庭，于2019年加入了哈工大百年校庆新加坡校友采编组，并有幸采访了王庆师兄、唐宇攀师兄等校友。感谢校友会中的师兄师姐的帮助，也希望日后跟校友会一同成长。

哈工大人 在南洋

沈彦晴
哈工大 13 级校友

HARBIN
INSTITUTE
OF TECHNOLOGY

沈彦晴，江苏无锡人，2013—2017 年在哈尔滨工业大学环境工程专业本科就读，2017—2018 年攻读新加坡国立大学化境工程专业硕士。毕业后，入职新加坡南洋理工大学先进环境生物技术中心（AEBC, NEWRI, NTU），担任项目：Pilot Demonstration of Ultrafast Conversion of Food Waste to Biofertilisers with Zero Solid Discharge 研究助理。

2018 年加入哈工大新加坡校友会后，我积极参加校友会组织的各项活动，报名加入了《哈工大人在南洋》一书的采编队伍。在此书的编写过程中，有幸能与哈工大毕业的各界翘楚面对面交流，也在后续编写传记的过程中受益匪浅，感悟到哈工大"规格严格，功夫到家"的校训是每一位哈工大人前行的指路明灯。

最后，感谢哈工大四年的悉心培养，感谢新加坡校友会提供这样难得的采访机会，祝愿母校百岁快乐，继续为时代培育英才，铸就更多辉煌。

哈工大人在南洋

贾琳然
哈工大 14 级校友

　　贾琳然，女，1995 年出生于黑龙江省，2014 年考入哈尔滨工业大学市政环境工程学院（现环境学院）环境工程专业，在校期间曾获多项个人荣誉，如"优秀实践个人""优秀运动员"等，于 2018 年 6 月本科毕业。同年 8 月至今在新加坡国立大学环境工程专业攻读研究型硕士学位。

　　转眼间，我在新加坡的留学生活已经一年有余，闲暇之余我喜欢走进国大华乐团与同学们一起排练，用音乐缓解一下快节奏生活带来的紧张感。在学习与生活之间找到最佳平衡点是我追求的目标，也许这个目标没有杜子美"大庇天下寒士俱欢颜"那样壮伟，但还是希望自己有朝一日能学会靖节先生"结庐在人境，而无车马喧"的那份淡然，在学习工作之余去欣赏夕阳尚好的美景。

　　百年工大培育数代贤才，喜今朝桃芳李艳频让龙江添秀色；规格严格恪守精益求精，待明日俊采星驰再为祖国谱华章。感恩哈工大传授我知识，见证我成长，值此百年华诞之际，衷心祝愿母校生日快乐！

哈工大人 在南洋

吴步晨
哈工大19级校友

　　吴步晨，男，汉族，哈尔滨工业大学土木工程学院2019届研究生，2017年度中国大学生自强之星标兵。作为一名自强不息的95后大学生，他从11岁开始就独自带着双目失明的母亲一路求学，用稚嫩的肩膀扛起了全家的希望，以实际行动诠释了孝老爱亲的中华民族传统美德。在读期间组建个人志愿服务工作室，作为十佳励志典型入选"青春的选择"先进事迹报告团，身体力行去传递自强不息的精神。他刻苦钻研，成绩优异，在科研上取得了一系列成果，在海外求学期间不忘初心，努力成长为担当民族复兴大任的时代新人。他始终用实际行动做哈工大"规格严格，功夫到家"校训精神的优秀传承者，做社会主义核心价值观的扎实践行者，做新时代顽强拼搏的执着奋斗者。

哈尔滨工业大学新加坡校友会简介

哈尔滨工业大学新加坡校友会从 2011 年开始筹备，历时 2 年多，于 2014 年 2 月在新加坡内政部社团注册局正式注册批准成立，社团登记号为 T14SS0031J。同年 8 月 31 日，在裕廊乡村俱乐部举行成立晚宴。哈工大新加坡校友会由首任会长左海滨和秘书长朱国洪等校友发起，在中国

哈尔滨工业大学新加

驻新加坡大使馆教育参赞郁云峰，哈工大校友总会副会长、哈工大原副校长孙和义等200多位校友的见证下成立。

哈工大新加坡校友会部分成员与嘉宾合影

坡校友会成立庆典

新加坡滨海湾花园

新加坡国立大学

新加坡南洋理工大学

新加坡樟宜机场星耀樟宜购物中心

哈工大校庆100周年新加坡校友会组织的校旗传递签名活动

哈工大校庆100周年新加坡校友会活动照

哈工大新加坡校友会活动照片

目前，校友会已收集到500多位在新加坡工作、学习和生活的校友的信息。这些曾经在哈尔滨相聚的校友又在狮城重逢，他们分布在各行各业，包括计算机及软件、土木建筑、机械、电子、材料、通信等专业，在经济、科技等不同领域贡献着自己的力量。

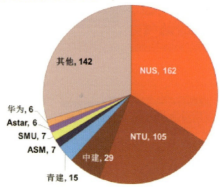 

哈工大新加坡校友分布图

哈工大新加坡校友会是母校和新加坡校友之间互相沟通的桥梁和纽带，对提高母校在国内外的声誉、促进学校开放办学、开展国际化合作交流、推进母校迈向世界一流大学的行列具有重要作用。同时，校友会也促进各校友之间交流和合作，以及校友与中新社会各界的交流，为中新友谊及两国社会发展添砖加瓦。

Website:http://www.hitsinqapore.org

E-mail:secretary@hitsinqapore.org

Tel:+65-68618012

现任（第三届）理事会名单

1. 名誉会长：左海滨

2. 会　　长：胡建成

3. 副 会 长：李明华，朱国洪，王　庆，蔡越宾，朱红兵，乔　欣

4. 秘 书 长：李　琨

5. 副秘书长：张俊强

6. 财　　政：孙广坤

7. 副 财 政：杨虹梅

8. 外　　联：蔡越宾

9. 公共信息：朱文杰

10. 理　　事：陆亿泷，权成根，丛正霞，谢世培，张建东，荣伟丰，胡建成，李明华，朱国洪，王　庆，蔡越宾，朱红兵，乔　欣，李　琨，张俊强，孙广坤，杨虹梅，朱文杰

2013年,哈工大校长王树国参加新加坡校友会活动

前排从左到右:朱红兵,谢世培,陆亿泷,左海滨,权成根,朱国洪,胡建成,李明华

后排从左到右:胡静,乔欣,朱文杰,孙广坤,李祯燕,卢济新,蔡越宾,郑志敏,王志韬,杨虹梅,孙路,陈楠,林浩

第一、二届理事会名单

1. 会　　长：左海滨
2. 副 会 长：陆亿泷，权成根，张建东，谢世培，李明华，丛正霞
3. 秘 书 长：朱国洪
4. 副秘书长：刘浩博，王　庆
5. 财　　政：昌汉钦
6. 副 财 政：胡建成

校友会征集校友名录倡议书

尊敬的各位校友：

时光荏苒，岁月如梭，今年我们将迎来百年校庆。过去的百年，哈工大伴随着共和国成长，从无到有；莘莘学子，报国图强。而今，生逢盛世，实业报国；千行百业，各领风骚。在此百年校庆之际，学校出版社将组织出版"建校百年·哈工大人系列丛书"，展示广大哈工大人的杰出事迹、精神风貌，传承哈工大精神，向校庆献礼。此书将在校庆当日发布，并将在博物馆永久展示，机遇难得，影响巨大。

各地各行业校友纷纷组织起来，参与丛书编写，积极争取名额出版。书号稀缺且珍贵，哈工大新加坡校友会多次与学校出版社争取、沟通、协调，在能按时交稿的情况下，征得同意单列成册。百年一遇，意义重大。

目前，新加坡校友会已开展前期筹备工作，特地招募志愿者，开始采访、编写活动。现特向广大校友征集《哈工大人在南洋》(暂定名)优秀校友名录，充分展示各行各业精英的杰出事迹，全方位展示哈工大人在狮城工作、生活的良好状态。时机难得，名额有限，希望广大校友抓住机会，积极自荐或推荐身边校友，让杰出校友的故事入百年丛书，永载史册。

学校于你我，恩重如山。我们背负着学校的名誉，漂洋过海，闯荡江湖，立足各行，成就斐然。而今，时遇你我，我们当竭诚奉献，回馈母校，向校庆献礼，再创百年辉煌。

敬请投简历于编委会，我将派专人负责采访编写。

联系人：胡建成　李琨　岳程斐　杨眉

简历发送邮箱：hiterinsg@gmail.com

敬拜
哈工大新加坡校友会会长

2019 年 3 月 8 日会议纪要

理事会于 2019 年 3 月 8 日在 Nus staff club 召开会议讨论 AGM 和《哈工大人在南洋》前期筹备会议，参加会议的有胡建成、李琨、张建东、李维、谢世培、蔡越宾、荣伟丰、孙广坤、朱文杰，岳程斐、魏昊宇应邀参加。

会议决定如下事宜：

1. AGM 暨《哈工大人在南洋》启动仪式于 4 月 6 日下午在"醉华林"举行；会费和活动经费分开，并提供 Polo 衫和茶杯两种纪念品，由荣伟丰、蔡越宾（提供 Polo 衫）和李维（提供茶杯）负责纪念品准备事宜。

2. 关于《哈工大人在南洋》的前期筹备。

A. 参评人资格：新加坡公民（不论现在何地），截至成稿时在新加坡工作学习，以及在新加坡工作五年以上有特殊贡献或成就的哈工大校友。

B. 评选指导原则：尽量涵盖不同年龄段、不同群体，充分展现各个群体的生活状态和精神风貌，不唯成就论。

C. 评选规模：暂定 40 人。

D. 暂时确定的评定指标：

企业界：企业年产值 1 000 万新元以上，稳定运行三年以上；初创企业应该有核心技术证书并完成一定规模融资。

教育界：副教授以上。

此外还应包括金融、社区服务、酒店行业的校友，以及校友会骨干、学生群体等。

E. 原则上写入本书的校友以捐赠或者其他名义，提供 1 000 新元的资助。

F. 岳程斐负责招募六名采编组成员，开始前期采编工作，校友会为每篇稿件提供 100 新元的补助。

G. 朱文杰负责校友信息收集整理工作。

《哈工大人在南洋》
编辑部第一次会议纪要

——2019 年 3 月 16 日

《哈工大人在南洋》编辑部全体成员于 2019 年 3 月 16 日在"恩诚晶艺"美术馆召开第一次会议,参会的有胡建成、李琨、岳程斐、杨眉、魏昊宇、沈彦晴、周永程、贾琳然、杨力。

会议讨论内容和达成的共识如下:

一、胡建成会长介绍了《哈工大人在南洋》成书的意义

本届理事会恰逢母校建校一百周年,机遇难得,意义深刻。希望全体编辑部成员能发挥哈工大人的责任心和奉献精神,尽心尽力地完成各自的任务,为哈工大百年校庆献礼。

二、岳程斐介绍了本次编辑部对采编及写作的要求

1. 人物履历要完整。对校友在哈工大学习状况,包括哈建大合并前后等细节,要完整呈现。

2. 主要事迹要突出。充分展示校友的主要事迹和风貌,全面、突出、有说服力、有故事性,让未入选的校友信服。

3. 体现母校对个人成长的影响。充分挖掘优秀校友身上的哈工大印记，体现母校对个人成长的影响。

4. 征求对母校的期许。积极要求校友为哈工大建言献策。

5. 其他方面的要求还包括：

A. 采访前做完整翔实的背景调查，准备要充分全面。

B. 保证校友的参与度与知情权，事先拟订采访提纲，供校友准备；成稿后让被采访者阅览，以防错漏。

希望编辑部全体成员以高度负责的态度按时、高质量地完成各人所接受的采访任务。

三、人员分工

总 指 挥：胡建成

总 协 调：李　琨

执行指挥：岳程斐、杨　眉

A 组：魏昊宇、沈彦晴

B 组：周永程、贾琳然

C 组：杨　力、杨　眉

四、任务安排

岳程斐：负责采访胡建成

A 组：负责采访权成根、张建东

B 组：负责采访左海滨、丛正霞

C 组：负责采访陆亿泷、王　庆

五、活动照片

排 序 说 明

《哈工大人在南洋》一书在编纂过程中得到了广大校友的大力支持，为体现公平公正的原则，现将书中校友排序问题做如下说明：

一、哈工大新加坡校友会自筹备以来，左海滨、胡建成两位会长付出了大量的心血，特将左海滨、胡建成两位校友放在本书前两位。

二、其他校友按照入学先后顺序排序；同一年份入学的校友，按照姓氏拼音排序。

特此说明，望各位校友周知。

《哈工大人在南洋》编委会、编辑部

后 记

北国距南洋，千里有余。"规格严格，功夫到家"的哈工大人在南洋这块陌生的土地上凭着一股干劲、一股闯劲，在各行各业扎根、成长、开花、结果，涌现出了一大批行业精英，有知名教授，有商界翘楚，有建筑大师，还有青年才俊。值此百年校庆之际，哈工大新加坡校友会群策群力，收集整理哈工大人的先进事迹，编纂成册，为母校献礼。

本书的编纂受到了哈工大新加坡校友会，特别是胡建成会长的大力支持。2019年3月18日，校友会理事会决定编辑出版《哈工大人在南洋》一书。本人受编委会委托，成立《哈工大人在南洋》一书编辑部。历经一年有余，终得以成稿。首先，感谢写入书中的各位校友，百忙之中接受图书编辑部多次叨扰。其次，感谢参与图书编辑的各位校友，特别感谢李琨秘书长的协调联络，杨眉的统筹整理，还有周永程、魏昊宇、沈彦晴、贾琳然、杨力、张俊强、张秀泉、郑金乐、窦彦昕（排名不分先后）等校友的辛勤采访和撰稿。在图书出版过程中还得到了哈尔滨工业大学出版社编辑的大力指导和支持，在此一并致谢。

本人才疏学浅，忝以为后记。借此机会预祝百年母校繁荣昌盛、再续华章，预祝各位校友遂心如愿、幸福安康。

主编：岳程斐

2020年5月23日